用美

讲好杭州故事

——杭州亚运视觉形象解析

杭州亚组委 编写

浙江教育出版社·杭州

总　序

　　举国关注、举世瞩目的杭州第19届亚运会、第4届亚残运会已经圆满闭幕，得到海内外的一致赞誉和国际媒体的高度评价。"江南忆，最忆是杭州。"通过这一体育与文明交融的精彩盛会，整个世界爱上了杭州，了解了浙江，读懂了中国。浙江这方历史文化与现代文明交相辉映的热土，向世界充分展现了在"八八战略"的指引下，一幅幅富民强省、均衡发展、绿色发展、共治共享的生动图景。

　　对于全体亚运宣传文化工作者而言，躬逢其盛，使命无上光荣，机遇无比珍贵，舞台无限广阔。从筹办到举办，举凡新闻宣传、国际传播、美学文化、公众参与活动、媒体运行等都精彩不断，可圈可点。

　　杭州亚组委编纂出版杭州亚运系列宣传文化主题书籍，通过亚运美学文化、宣传文化活动、媒体运行纪实三个重要切面，以宏观视野、直击视角、细腻笔触，成为讲好"体育亚运、城市亚运、品牌亚运"故事的生动实践和创新尝试。

　　希望这套丛书在记录杭州亚运宣传文化系列活动精彩瞬间、唤起读者美好记忆的同时，也以其实录性、史料性、理论性，成为今后在中国举办相关赛事的宣传文化参考借鉴，在推进中华文明现代化伟大征程中，留下一朵闪耀的浪花。

弘扬亚运美学文化 用"美"讲好杭州故事

本文作者系杭州亚组委执行秘书长、机关党组书记，杭州市副市长陈卫强。文章发表于 2021 年 10 月 14 日，对杭州亚运美学文化的概念和实践做了高度概括，就构建富有东方文化特色的形象景观系统，用"美"的语言讲好中国故事，建立体育精神杭州表达范式等做了富有前瞻性和体系化的论述，是我们认识亚运美学文化、运用亚运美学文化的工作指引。入选本书时，对重点内容做了摘录。

"一切美好的事物都是相通的。"

美是文化自信的重要来源。亚运美学文化概念的提出和实践，就是构建富有东方文化特色的形象景观系统，用"美"的语言讲好中国故事，建立体育精神杭州表达范式的大胆尝试。

杭州集历史文化名城、创新活力之城、生态文明之都于一体，是一件用千年时光打造而成的作品，是中华文明美的代表作之一。在我国全面建成小康社会，向第二个百年奋斗目标迈进的征程上举办杭州亚运会，时代机遇和资源禀赋决定了杭州亚运会理应呈现出不同于历届亚运会的独特风貌，打造独具魅力和特色的亚运美学文化，留下令人惊叹的美的遗产。

美学是杭州亚运的重要推动力量。一届精彩成功的运动会，离不开特色鲜明的视觉形象系统助力。会徽、主题口号、吉祥物、体育图标、核心图形和色彩系统、引导标识系统、场馆侧和城市侧形象景观系统等开发和应用是亚运筹办的"必答题"，是圆满完成"体育亚运"目标的基本要求。

"办好一个会、提升一座城。"杭州亚运为城市基础设施、市政设施设备、公共艺术装置及夜景灯光布置等提供再优化、再提升的动力，进一步彰显亚运美学品位，提升城市国际化水平。亚运美学是社会公众、参赛选手和国际来宾了解杭州文化、中国文化最直观的来源，弘扬亚运美学，有助于杭州建设东方文化国际交流重要城市和国际文化创意中心，成为展示中国文化软实力的重要窗口。

一座城市的美学取向，不仅滋养市民，助力城市和谐与发展，也直接关系到它的国际声誉和世界影响力。亚运工作者以对城市和历史高度负责任的态度努力塑造传世精品，树品牌、立标杆、创遗产，使重要视觉标志和形象景观系统不仅在赛时营造氛围，在赛后也能留存下来，以恒久的艺术魅力引发不同文化背景受众的认同和共鸣，持续放大亚运红利。

亚运美学文化承担着以美育人，以文化人，传递东方美学的重要使命。亚运工作者有责任把亚运美学文化表现好、宣传好、弘扬好。

目录 / CONTENTS

第一章

亚运美学文化在闪耀

杭州亚运会是一次美美与共的绚烂旅程。

这里有美轮美奂的开闭幕式文艺表演，尽显典礼活动盛大庄严、气势恢宏之美。

秋分时节，钱塘江畔的"大莲花"里华灯璀璨，流光溢彩。开幕式上，"水玉琼"敲击出激昂鼓声，红绸飞掠锦绣山河，"梅兰竹菊" 江南元素浮现……一场水墨入诗画、烟雨染江南的表演，在"风雅处处是平常"的江南生活美学图景中，诠释了"潮起亚细亚"的国风之潮。这场充满魅力的亚运会开幕式，既大气磅礴又柔美浪漫，处处透着精巧构思，呈现出东方美学与国际视野的交融与共生。

这里有令人目不暇接的精彩赛事，尽显运动之美。

来自亚奥理事会成员国（地区）的 1.2 万余名运动员，在这场体育盛会上尽情展现了他们激情四溢的竞技精神、技艺超群的运动技巧。田径赛道上，"金刚芭比"似的身体，爆发出惊人的速度，展示出力量与速度的魅力；跳台上，运动员们起跳、翻腾、入水，短短几秒，在空中表现出的协调性、柔韧性，充分呈现出优美、平衡的美感；泳池里，身材修长、肌肉发达的健将，像一条条银鱼，劈波斩浪……人们折服于运动场上的健康之美、体魄之美，过目难忘。

这里有人性之光的闪耀，尽显奥林匹克精神之美。

运动员们既全情投入，追求卓越，又用阳光开放包容的态度，践行了奥林匹克格言中的"更快、更高、更强——更团结"这一崇高的人类精神境界。在足球、排球等众多团体项目中，他们紧密协作，默契配合，向我们展示了团结一致、互相扶持的团队精神。在个人项目中，48岁的丘索维金娜亮相，观众的掌声不仅仅为"一个坚强的妈妈"而响起，更为她对体育的热爱精神而响起；四破赛会纪录、独揽六金的张雨霏，与罹患白血病后艰难复出的池江璃花子热情拥抱，是对手间的惺惺相惜；象棋个人赛中，84岁的柬埔寨选手江明庭与14岁的泰国选手那塔里尼，为本次亚运会献上了一场"最大年龄差"的比赛……不分国籍，不论年龄，赛场上运动员们的情谊超越了竞技本身，体育精神让人们的心靠得更近。

这里有各具特色的56个竞赛场馆，尽显建筑设计之美。

杭州奥体中心体育场和杭州奥体中心网球中心，犹如一大一小两朵莲花，盛放莲花的优雅之美；杭州奥体中心体育馆和游泳馆"双馆合一"，宛如一只振翅欲飞的蝴蝶，充满灵动轻快的韵味，呈现出一种强烈的流动美；富阳银湖体育中心，银白色的百叶，在阳光折射下化身流动的光影画卷，每一天都在上演"山水实景秀"……一座座各具特色的亚运场馆，融合人文气息与高科技元素，完美融入了东方美学，蕴含着中国文化、浙江文化的精髓，呼应着天地的大美壮阔，充分展现了建筑之美和人文之美，达到了世界级标准，成为浙江大地上一道道亮丽的风景线。

这里有日新月异的城市面貌、热情友好的市民，尽显浙江有礼之美。

从璀璨耀眼的良渚文明曙光，到晴好雨奇的西子湖，再到奔竞不息的钱塘江；从扬帆宁波、逐浪温州，再到人文绍兴、美丽湖州和热力金华……因为亚运，一座座浙江城市精彩绽放，千年古韵与亚运火种交相辉映。148.8万人注册报名参加亚运城市志愿服务，252万人次参与亚运城市志愿服务活动，线上线下观赛氛围火爆，全城动员、全省动员、全民参与，从筹办到举办，杭州亚运让世界看到了浙江人民对体育的热情、对生活的热爱。此起彼伏的掌声、欢呼声中，是一座座更有生气、更具魅力的"人间天堂"。

这里亚洲欢聚、四海一家，尽显中国文化感染力和中华文化影响力之美。

"当前，人类面临的全球性挑战前所未有，我们要以体育促团结，把握历史机遇，合作应对挑战，践行'永远向前'的亚奥理事会格言，把共同发展、开放融通的亚洲之路越走越宽。""我们要以体育促包容，增强文明自信，坚持交流互鉴，续写亚洲文明新辉煌。"

……

在杭州第19届亚洲运动会开幕式欢迎宴会上，习近平主席的话语掷地有声，为我们指明了前行方向。

"相知无远近，万里尚为邻。"因为亚运会，亚洲人民相聚在一起，向世界展示亚洲的蓬勃生机。从开幕式的璀璨灯火到闭幕式的告别落幕，

从比赛场馆到志愿者服务，杭州亚运会展现了可信、可爱、可敬的中国形象，中国更是向世界展示了自身实力和美的文化。

美是人类共通的语言。

杭州亚运会，以如此丰富、多样、无穷的美，吸引了全世界的目光。在所有精彩瞬间里，最闪耀的，无疑是那些亚运会的视觉元素——作为任何一届亚运会都必备的基本元素和形象主角，在杭州亚运会第一次以美学文化的面貌整体呈现在世界面前，焕发出夺目的光彩。

不管是在盛大的开幕式现场、比赛场馆、亚运村、媒体酒店，还是在机场、高铁站、公交车上和地铁上，不管是在电视转播镜头、比赛计时计分系统、报道亚运的移动终端等各种大小屏幕上，还是在运动员惊喜夺冠、志愿者热情相拥、观众雀跃欢呼、孩子们憧憬热望中，乃至城市生活的每一个角落，会徽、吉祥物、主题口号、体育图标、核心图形、色彩系统、火炬、奖牌、服装……它们，无处不在，无时不在，它们是亚运会当之无愧的主角之一，却又从不炫耀自己，以各自最合适的方式，出现在最合适的地方，营造最浓厚的亚运氛围。无论色彩、美景与视觉的动感，乃至呈现方式，一切都是美的。

什么是美？

这是一个深刻的哲学问题，古希腊的哲人留给后世的"美"，包括艺术、文学、音乐、体育等感官的美，也包括理智的美，哲学、科学之美。中国美学源远流长，关于"美"的认知是广义的、综合的，渗透于人生的各个方面，特别注重审美与现实生活的密切关系。

杭州亚运会的视觉设计，从造型、颜色、设计语言等多方面对视觉元素进行多元化艺术再创作与衍生，根植于山水如诗、烟雨氤氲、创意十足的江南文化，将竞技体育的功能与形态等元素融入设计，奠定了整体的系统氛围和美学基调，又用灵动新锐的设计语言呈现出更为国际化、艺术化的形式效果，构筑中华文化新气象，激发中华文明新活力，向世界展示了更新颖、更富魅力的大型赛事视觉设计最新成果。

从直观的意象之美，到内蕴的意境之美，再到高远的境界之美，中华文明的博大精深和杭州这座城市拥有的传统与现代兼具、古典和时尚并存的美学气质，使得亚运美学以独特的视觉设计形成了完整的美学体系。

如果说亚运美学是表征，那么亚运美学文化则是根源。只有从文化的高度和角度审视，才能从根本上说清楚美学体系所生长的文化土壤，它给予杭州亚运会视觉设计的塑造过程无限的灵感和无穷的滋养，并从根本上决定了艺术设计实现的形态——不管是偶然间的灵光一闪，还是长时间的反复修改与完善，起最终决定性作用的，都是文化。

杭州亚运会的"亚运美学文化"这一概念，在亚运筹办历史上第一次被明确提出来，对于国际大赛视觉形象体系建设将起到建设性的引领作用。

"亚运美学文化"是杭州的，是民族的，也是世界的。它是杭州城市文化魅力和美学精神的一次碰撞，是杭州对世界的东方美学献礼，也是熔古铸今、以体育为媒创新表达中国传统文化的大胆尝试。

请跟随我们的讲述，回到那一个个视觉元素诞生的现场，直击设计师与亚运人思想碰撞、热情迸发、才思泉涌的瞬间，感受那份飞扬的才情和思想的魅力，共同见证优雅线条绵绵流出，绚丽色彩翩翩着墨，灵感火花点点绽放的动人时刻——让我们大胆地再向前一步，追寻这些经典瞬间背后，深植的文化土壤，洋溢的文化自信，自觉的文化责任，以文化之名，回答好"亚运美学文化从哪里来、向何处去"的追问。

下面，让我们一起出发。

潮涌

第二章

——会徽开启美学大潮

钱塘江，浙江的母亲河。

作为世界三大潮之一，钱塘江潮举世闻名。每年农历八月十八，钱塘江潮势最盛，潮水初临时，一条横贯江面的白练闪现，伴之以隆隆的声响，酷似天边闷雷滚动。潮头由远而近，飞驰而来。大潮涌来之时，潮头悍立如壁，波涛汹涌万丈，喷珠溅玉，宛如万马奔腾，声如雷霆，是自然界一道奇异又壮丽的景观。

仿佛是一个绝妙的开端，杭州亚运会献给世界的第一个视觉形象设计——会徽，其创意核心就是钱江潮，甚至，它有一个点题的命名——潮涌。

而后，绵绵不绝的亚运视觉形象设计如大潮涌动，澎湃而至，蔚为大观。

其作始也简，其将毕也必巨。

万派涛声的亚运会徽

曙色将至，又熬了一个通宵的中国美术学院教师袁由敏轻轻合上一把扇子，欠了欠身，把思索的目光投向工作室窗外，那里有一片郁郁葱葱的竹林，青绿的竹叶似笔锋由淡转浓，天边正泛起一圈淡紫的晕轮。

作为 G20 杭州峰会会标"湖桥"的设计者，此刻，他的全部注意力正完全聚焦在杭州亚运会会徽修改完善的最关键节点，思绪就像钱江潮水般起伏，奔涌不息，在脑海里翻腾，创作灵感正为这项全新的挑战而全面激发。

故事要从 2018 年的年初说起，那是亚运筹办工作起步不久，各项工作蓄势待发、亚运人踌躇满志的起势阶段。

2018 年 1 月 29 日，一场飘飘扬扬的大雪过后，位于武林广场的浙江展览馆内暖意融融。杭州亚组委正式向海内外发出邀请，征集杭州亚运会会徽设计方案。

这是杭州亚组委首次面向社会公众启动亚运视觉征集令，因此备受海内外关注。杭州亚运会正翘首以盼专属于自己的标志的诞生。

会徽征集的第一天，位于西湖文化广场的收件现场就人头攒动，每个投稿人的手中都拿着牛皮纸袋包裹的设计方案。浙江传媒学院的翁千慧同学搭乘最早的地铁，成为现场首个应征投稿人。与此同时，更多的作品以快递的形式，雪片般地飞到了会徽征集办公室里。

3 月 31 日，在会徽征集办公室，工作人员受理并封存了最后一件应征作品。会徽征集历时近 3 个月，杭州亚组委收到了来自全国各地，日、韩、新加坡等亚洲国家以及部分欧美国家的应征作品 4263 件。投稿者中有多次获奖的著名设计师，也有来自杭州市的小学生，有高等院校的师生，也有专业设计机构人员。

这些海量的应征作品，整整用了 80 多个纸箱才全部装下，摆满了 3 间办公室。

4 月初的杭州，15 位来自全国艺术、设计领域的权威专家以及体育部门工作人员和运动员代表，无暇欣赏"春来江水绿如蓝"的江南春色，一头扎入了海量的应征会徽设计稿件中，开始了两天两夜紧张的评审工作。

初选时，评委们每人可以挑选 20 件左右的作品。评委们以"不遗漏任何一件好的作品，而不是拿掉不合格的作品"为原则，在公证机构、纪检监察和审计部门的监督下，挑选出 296 件作品进入复选环节。

结束了工作量浩大的初评工作，评委们进入下一个阶段：从初选选出的 296 件作品中，逐层评选出 10 件入围作品。

与此同时，为了确保会徽的原创性和严肃性，杭州亚组委制定了会徽查重的工作方案。4 月下旬，杭州亚组委与杭州市版权保护管理中心合作，对入围的 10 件会徽设计作品进行查重。杭州市版权保护管理中心成立 5 人专项工作组，夜以继日地在国家知识产权局商标局的数据库中搜索、比对。查重结果显示，入围作品总体具有较强的原创性。

又一轮深入评议论证后，4 件优胜作品脱颖而出。

5 月 21 日，杭州亚组委召开专题会议，研究确定了两件会徽候选方案，并选定中国美术学院与浙江工业大学两所在杭高校分别对两件方案进行深化修改。

6 月 11 日，时任杭州亚组委副秘书长、杭州市副市长的陈国妹专程赴两校了解工作进展，查看深化修改成果，并与专家修改组成员进行了深入交流。

6 月 15 日，端午临近，杭州城里处处弥漫着艾草的香气。经过紧张而忙碌的工作，杭州亚运会会徽设计的深化修改工作顺利完成。两名杭州亚组委工作人员用密码箱装着设计原稿专程赶赴北京，找到了清华大学计算机系，使用他们自主开发的图形快速比对系统，对会徽候选方案进行查重。结果显示，深化修改后的两件会徽候选方案原创性较强，未发现近似值较高的图标。

会徽评审工作随即进入一系列严密的送审报批程序。在此过程中，由袁由敏工作室设计，经中国美术学院深化修改后的设计方案，以其形象识别度和独特性、内涵解读的丰富性以及在延展应用等多方面的优势，得到认可和推荐。

6月28日，杭州亚组委秘书长办公会议决议，原则同意将这件会徽设计方案作为建议方案予以上报。

按照程序，国家体育总局领导，浙江省和杭州市领导先后审阅同意了会徽建议方案。

7月的杭州，蓝天如洗，江水澄澈。杭州亚组委会议室内，来自社会各界的代表在签署了保密承诺书之后，第一次见到了杭州亚运会会徽的建议方案：潮涌。

7月29日，杭州亚组委专程前往位于科威特的亚奥理事会总部，递交杭州亚运会会徽设计方案。会徽设计方案报批即将完成最后的闭环，这是关键一环。

在亚奥理事会总部，面对杭州亚运会会徽呈现的效果，绝大部分代表及时反馈了意见，100%表示赞成和同意。

代表们表示，中国杭州递交的会徽视觉形象精美、简洁明快，显著区别于前18届亚运会会徽，中国符号特征鲜明，同时延展方案非常精美，在后续的市场开发上具有广泛的前景。

第二天，亚奥理事会总部出具了书面意见，同意杭州亚组委报送的会徽设计方案。"潮涌"，这一杭州亚运会的重要视觉形象标志，即将向世人揭开它那神秘的面纱。

2018年8月6日晚，钱江潮涌，备受期待的杭州亚运会会徽正式发布，随着与会中外嘉宾缓缓推下启动杆，大幕拉开，会徽"潮涌"以裸眼3D效果惊艳呈现，引发社会各界热烈反响。

时任亚奥理事会主席的艾哈迈德亲王专门发来贺信表示，杭州亚运会会徽富有活力与动感，涵括了杭州的城市人文特质。他表示，相信到杭州亚运会举办之时，会徽在中国、亚洲乃至全世界已深入人心，被人们所熟知。

　　许多奥运冠军、国际体育组织负责人表示，杭州亚运会会徽以极具辨识度的"扇面"形象，充分展现了新时代中国宽广的胸怀和开放的姿态，令人深受感染，一见难忘。

　　会徽，是历届运动会最基础、最关键的视觉标识。杭州亚运会的视觉系统建设从会徽入手。作为首个征集和推出的视觉标识，会徽从某种意义上奠定了亚运美学设计的基础，引领了后续的视觉设计、景观布置、文化推广，可谓牵一发而动全身。

　　杭州亚运会会徽为何选择"潮涌"？或者说，"潮涌"何以能够众望所归地成为杭州亚运会会徽？

　　回顾会徽"潮涌"诞生的全过程，从投稿方案到深化修改、打磨完善，乃至后期提炼升华，不同阶段、各个层面的持续助力，为设计师最终形成设计作品提供了源源不断的滋养。某种意义上说，"潮涌"已不仅是一件专业领域的艺术设计作品，而是一件属于这座城市的公共文化作品。"潮涌"的诞生也是对后续亚运视觉元素设计的实施路径和基本模式的探索。

　　万派涛声入耳，一片初心不易。

　　袁由敏表示，他对杭州的印象是：一座水的城市。

　　他说："好的文化，不会过度描绘自己，就像上善若水一样，水善利万物而不争……但一个城市未来的文化遗产，应该有其功能与视觉上的辨识度。"

　　作为新杭州人的袁由敏，自打来杭州读书起，就很喜欢去江边跑步，经常能够邂逅潮水。他发现，自己的步伐常常能跟潮水奔腾的节奏同频共振，这种人与自然的"对话"总能激发他的无限遐想。"潮涌"的灵感源头是传统服饰纹样海水江崖纹，再经过长时间的调研、分析、寻找，最终将关键词锁定在"钱江潮水"这一奇观。

中国美术学院学术委员会副主任、杭州亚运会设计总监宋建明全程参与了会徽评审工作。他认为，"潮涌"能够在最后"优中选优"的环节中脱颖而出，是因为设计更有个性，其水波激荡的感觉更符合杭州特色。钱江潮和杭州的三大世界文化遗产是最能代表杭州形象的元素，这恰恰就是会徽的选择方向。

"选择会徽要避免熟悉，要选第一眼感到陌生，甚至刺激的。要用未来的眼光挑选，只有这样才不会俗气，才能越看越喜欢。"宋建明说。会徽"潮涌"能体现出东方智慧、中国气派、杭州韵味。

中国美术学院原院长，现任中国美术学院学术委员会主任、博士生导师许江认为，2016 年 G20 杭州峰会成功举办，"湖桥"的标志设计以丽水桥影的韵律，感动人心；杭州第 19 届亚运会，会徽"潮涌"以潮水的节奏，聚焦关注。由"湖桥"和"潮涌"共同组成的标识体系，是对知水、亲水、美水的杭州精神的铸造和彰显。

正如专业人士所点评的，会徽"潮涌"有着很鲜明的文化识别度和图形创造力，是中国文化、杭州气质与奥林匹克运动元素的巧妙结合。尤其杭州是中国南方的艺术中心城市，用线条而不是用面积、体积来作为文化回应，既能回应杭州亚运会互联、共享的城市精神指向，又能构建城市独有的视觉形象。

19th Asian Games
Hangzhou 2022

设计和修改的过程是漫长而艰难的。设计团队主创人员清晰地记得，举凡会徽设计的整体布局、线条的粗细、英文印鉴的字体及颜色、波浪渐变的形态、太阳的位置等，都经过了不知多少轮修改。创意、绘图、论证、推翻、重启……类似这样的过程不知循环了多少轮。

特别是作为会徽核心的潮头，最初设计方案是数字"2022"。在评审过程中，宋建明指出，会徽印鉴里已经有举办年份，在这里不需再做强化。轻轻的一句提醒，却变成最难突破的创意难题。最终，袁由敏从传统雕刻技法"双钩线"中获得灵感，江潮奔涌的形态喷薄欲出，成为会徽最亮眼的核心元素。

不为人知的是，会徽起初并没有名字。在送审过程中，给会徽命名的问题浮出水面。曾任会徽深化修改组负责人的许江思如泉涌，从"湖桥"之名散发出去，建议给会徽命名为"涌潮"。

在送审的关键时刻，时任杭州亚组委主要负责同志听取汇报。他指出，"涌潮"两字过于平实，可改为"潮涌"，大潮涌动，它是一种气势，更是一种态势，象征着亚洲奥林匹克事业在浙江的涌动和发展。

看似一次不经意的顺序转换，却包含着对浙江精神最深邃的思考和对体育精神表达最深刻的提炼。

格局顿开。

"潮涌"让会徽直接有了动感，传递出形之奇、气之盛、势之猛的钱江潮水滚滚而来的画面感，你看——

会徽"潮涌"是对钱塘潮涌壮阔景象的显性表达，根源于浙江这片土地山水奇美的自然环境，以及在这片土地上生活的人们创造的独特的美学文化。这些杭州的独有符号、浙江人的精神内核、东方的文化语汇、江南水乡的色彩意向等元素共同编织，构建了"潮涌"图腾的文化独特性和视觉辨识度。

　　会徽开放式的扇面设计，蕴含着水墨江南的诗意，体现着杭州秀丽、温婉、文雅的城市形象，折射出传统文化的丰富多彩。曲线勾勒出连绵山脉的轮廓，是绿水青山的象征，展示出杭州山水城市的自然特征。由粗到细的线条构成互联网符号，突出杭州作为中国最重要的互联网产业城市之一的现代化特征。

　　会徽"潮涌"的核心是钱江潮奔涌、白浪翻腾的景象，临江观潮，彰显了杭州最显著的城市气派之一。

　　举世闻名的钱塘江大潮，与南美亚马孙河大潮、印度恒河大潮并称"世界三大涌潮"。与亚马孙河不同的是，钱塘江流域是中国重要的文明发祥地之一。河入海口，多有涌潮，但钱塘江潮最为奇绝。钱塘潮涌这一自然现象历经数万年，观潮已变成杭州独有的人文景观。苏轼有诗："八月十八潮，壮观天下无。"这是杭州独特的自然及人文景观赋予会徽的灵感。

　　"干在实处、走在前列、勇立潮头"，是浙江精神的凝练概括。无论是从自然景观还是从人文景观的角度审视，"潮涌"都有着成为杭州亚运会会徽视觉符号的必然性。

　　会徽"潮涌"的线条形态，让人在视觉上联想到 G20 杭州峰会的会标"湖桥"。江与湖都是杭州的地理天赋，又包含江南独特的历史人文气质。会徽"潮涌"的线条式表达，既刻画出平地翻波起的钱潮涌动的自然现象，又对国际体育竞技精神作出了本土性回应，使杭州亚运会真正拥有了杭州气质。

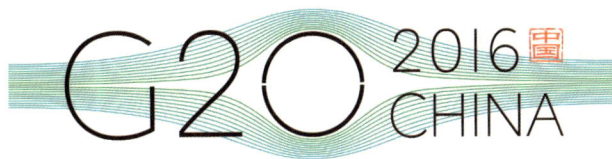

　　会徽采用线条呈现，这是一次非常大胆的尝试，打破了亚运会历史上会徽常用的块面状设计。这是东方文化艺术性的世界表达，也是展示"诗意""知水"的杭州的独有语言和智慧，传递出中国宽广的胸怀和不凡的气派。

　　会徽"潮涌"，借一江春水、万派涛声，奔涌而来。

"曲水流觞"的体育图标

————

　　会徽"潮涌"问世之后，由十根阳线和九根阴线组成的扇形图案，以其线性绵延的设计延展性，不断地在人们心中激起诗意想象的浪花。

　　以"潮"为主题的视觉设计源源不断涌现，形成一片沧浪奔腾的美学江潮。

　　袁由敏也因此延续了他的创意梦想，不久之后，他又承接了杭州亚运会体育图标的设计任务。

　　一番长考，几经扬弃，设计团队又向杭州亚运会提交了"曲水流觞"的体育图标——这是亚运会历史上首套兼具静态和动态的体育图标。

　　如果说会徽是亚运会第一层级视觉，是信息的核心精神符号，那么体育图标就是亚运会第二层级视觉，是绝对的功能型信息，被广泛应用

于场馆内外的标识和装饰、道路指示系统、运动员参赛和观众观赛指南等各个方面，不仅具有很强的功能性，也是传达运动会举办理念和主办国文化的重要载体。

体育图标"曲水流觞"与会徽"潮涌"的主题相契合，整体视觉形象一脉相承。

杭州亚运会体育图标与竞赛项目一一对应，竞赛项目分为竞技性比赛 24 项、球类比赛 18 项、水上比赛 10 项、对抗性比赛 9 项，共计 40 个大项、61 个分项。

仔细审视 61 个体育图标发现，有单人剧烈运动状态、单人微动状态、单人直立状态、单人水平状态、单人翻转状态、单人空手状态和单人持械状态，还有单人与道具状态、双人缠绕状态。如何实现视觉上的平衡一致？如何将图形生动转译成一目了然的动作？这需要一个非常简单且具有视觉辨识度的视觉语汇。

"双钩线"的手法，是体育图标"曲水流觞"中的特色，这同样延续了会徽"潮涌"采用的线条语言形态。线条的设计，能够简明扼要地勾勒出图标的动作，这个动作形态即使在放大缩小过程中，也不会有过度的视觉效果变化。同时，该手法也使图标达到了非常好的视觉辨识度，即使动作被分解了，单凭视觉形态，也能透过某种特有的视觉基因完成传播使命。

比如，设计团队将比赛项目中球的元素，简化成了一个圈或者一个点，对各种球的大小，用圈的大小、线条的粗细加以区分。又比如，对人物头部的处理，也提炼简化到了极致，"一条 C 形的线条"代表了人物头部的全部。

设计团队对比赛项目的表现也采用了极简风格。水的元素表达，用一条三个波浪的波浪线；岸和沙子的表达，用两条波浪线；远山也是用波浪线来表达的。这些都生动简洁地呈现在扇面上。堪称用最少的元素，做了最充分的表达。

在杭州亚运会之前，所有奥运会或亚运会的体育图标，都是用单线来表达的。杭州亚运会体育图标的"双钩线"视觉语言形式，识别度极高，极具中国特色。同时，体育图标以线性、流畅、动感的赛道为主体背景形象，也是亚运会历史上的首次。

61 个体育图标，不仅可以作为单项赛事的标志，以生动准确的运动造型，凝练表达了亚运会各体育项目专业动作最精彩的瞬间，充满动感与力量，还可以通过扇形延伸出来的曲线，将所有图标串联起来变成全新的视觉形象。

设计团队最初确定的设计原则有三条：亚运形象的系统性表达，继承传统，致敬经典。设计团队最早模拟方案的朴素愿望是向 2008 年北京奥运会致敬。

那一年的北京奥运会体育图标，和会徽"中国印·舞动的北京"的东方文化美学一脉相承，以中国古代篆字笔画为设计灵感，采用直线和曲线的组合，色彩对比强烈，达到了"形"与"意"的和谐与统一，向世界传达了中国的柔和美、优雅美。

杭州亚运会体育图标最早的方案，是从"篆书之美"的基础上衍生出来的。这套建立在"篆书之美"的巨人肩膀上的模拟方案，总体形态延续了北京奥运会方案的篆字笔画结构，同时，运用了亚运视觉形象中的"双钩线"以及象征"态"和"势"的辅助图形扇面，试图通过扇面模件的串联，创造性地将图标串联起来。

这套方案一开始就被否决了。但是，方案中"双钩线"的视觉语言形式以及"曲水流觞"的串联概念在已逐步走入模式化的体育图标设计中脱颖而出，以其深厚的历史文化基因令人眼前一亮，获得了杭州亚组委领导的肯定，被保留下来。

"曲水流觞"的背后，是城市互联的文化意蕴。两千年前的一次雅集，成为这次杭州亚运会体育图标的创意来源。王羲之在浙江兰亭用曲水流觞的方式宴请八方宾客，何等风雅，这种临水而坐、结伴饮宴的场面，恰恰印证了今日杭州亚运会互联共享的体育精神、城市精神、中国方式。

这就是一场体育赛事深藏的文化基因，是不为人知的美学密码。

从 2019 年 12 月立项开始，61 个体育图标经历了反复修改、推翻、重来，"像希腊神话中西西弗斯被罚推巨石上山，不断重复、永无止境"。

2020 年 3 月 15 日，对杭州亚运会体育图标的设计团队来说，是个里程碑式的时间点。所有的图标动作都推翻重来，加强了刚柔并济的处理，对动作的精确度也有了新的标准。

在无数次的调研、梳理、修改过后，一个延续着会徽"潮涌"的美学基因，代表杭州这座城市人文内涵与精神的视觉载体即将诞生。

2020 年 9 月 22 日，在万众期待之下，杭州亚运会体育图标正式发布。世人看到了一个由"亚运会会徽 + '双钩线' + '态势' + 互联网元素"组合而成的视觉特色体育图标，大开大阖，媒体、学术界、体育界和广大市民好评如潮。

尤其是那绵延不断的线条，既致敬会徽的扇面，具有很高的杭州亚运辨识度，又以寓动于静的"态势"，构成了独特的气韵。

在中国人的认知里，人们做武术动作、体育动作的时候，会有一股看不见的"气"。"曲水流觞"作为单项的体育图标，保留延续了亚运会会徽里扇面辅助图形的元素，更直观地表达出体育动感的"态"和"势"，从而构建了杭州亚运会视觉形象的一体化设计。

对设计团队来说，有关体育图标的叙事只完成了一半，还有新的挑战在等着他们。

为顺应新媒体传播趋势，彰显"智能亚运"亮点，在此前已推出的静态体育图标的基础上，杭州亚组委又继续发布了动态体育图标。

让体育图标动起来，这是一个富有前瞻性的决定。

袁由敏和中国美术学院传媒动画学院宣学君教授分别领衔，投入杭州亚运会动态体育图标的设计，负责保障动态体育图标设计在不偏离静态体育图标的逻辑体系和美学路径的同时，让体育图标"动起来"。

2021年9月26日，杭州亚组委副秘书长、机关党组书记，杭州市副市长陈卫强主持召开了杭州亚运会动态体育图标专家研讨会，来自体育界、设计界等领域专家参会。会议明确动态体育图标色彩为主形象色虹韵紫，与亚运视觉形象系统统一，并对配乐提出修改建议。

根据会议精神，设计团队又做了深化修改。背景音乐以江南丝竹为主，融入鼓乐，将江南水乡的韵味与体育竞技的力量完美融合，让观众在"声临其境"中感受体育图标与音乐的相互辉映，既表达体育项目的韵律节奏美，又彰显时代意义和文化价值。

动态体育图标的设计前期，经历了一个较长的调研、分析、讨论与试错过程。设计团队研究了大量竞赛视频和动画，以了解其动作的要领和特点，用深度摄像头进行动作的捕捉、查验、调整，并根据动态演绎的难易程度和动作幅度将体育图标分类，而后进行分组动态演绎设计。

一般来说，一个动画一秒钟需要24帧静态画面，这些画面组成动态后，会有一些顿挫感，在视觉上显得不流畅、不丝滑。另外，从系统性考虑，所有61个体育图标的动作从出现到运转直至定格，需要规划一个相对统一的时长。一个2秒左右的动态体育图标，往往需要60帧至70帧画面。

仅仅只是让体育图标"动起来"显然不够，如何让图标"动得美"，体现各类体育竞技项目的特点，形成视觉上的动作美感呢？

在设计过程中，陈卫强及时听取设计进展的汇报，并从体育图标动作的规范性、协调性、美观性及色彩等多方面提出了设计思路和建议。

杭州亚组委宣传部也多次召开专题会议，邀请各方专家指导设计团队对动态体育图标的设计做进一步调整和艺术化处理。

正是这种精益求精的严格要求，让最终呈现的每个动态体育图标都臻于完美。比如击剑的动态体育图标，模仿了电影中的子弹时间拍摄表现手法，运用变速特效，让原本快速的动作，在回放中实现了优雅的效果；又比如仔细观察射击的动态体育图标，会发现微小的抖动感，真实体现了枪的后坐力影响。这些处理不仅真实还原了运动员的运动过程，还让图形更具有流畅美感。

2022年5月30日，经历一年半的研讨、修改，设计方案逐步完善成型。按照程序，方案经杭州亚组委审核认可后，报送至亚奥理事会和各单项体育组织，并得到了确认和批准。

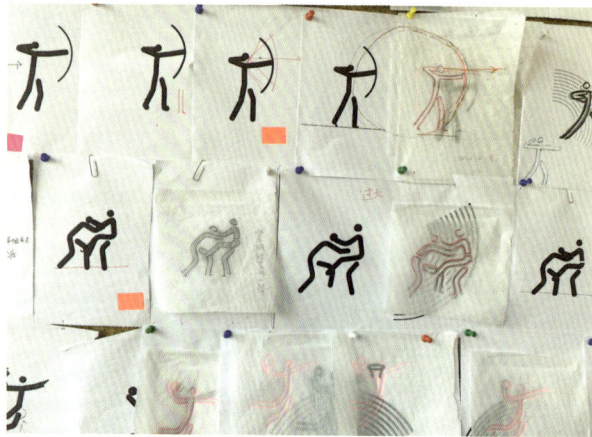

2022 年 8 月 8 日，杭州亚运会动态体育图标正式发布，这是亚运会史上首套动态体育图标。

61 个动态体育图标，每个动作都源于人体力量的递进，给每个形象人物都注入了"呼吸感"。可以说，方寸之间，气象万千。

中央、省、市各大权威主流媒体及杭州亚组委官方新媒体矩阵对发布情况进行了报道，央视《新闻联播》播出 25 秒快讯，引起热烈反响。

赛时，在中外媒体云集的杭州亚运会主媒体中心的数字森林显示屏上，最受欢迎的正是动态体育图标的动画效果：从一条线变为 19 条线，从一个图标延展为 61 个图标，更精妙的是，每一个图标都通过线条相互勾连，起伏绵延，构成了气韵生动的整体。这就是亚运人以中国文化独有的浪漫，为"曲水流觞"注入现代活力，成为致敬奥林匹克运动的绝佳创意。

杭州亚运会动态体育图标发布后，被广泛应用于场馆标识、电视转播、城市景观、融媒体推广等领域，将这份诗意浪漫传向远方。

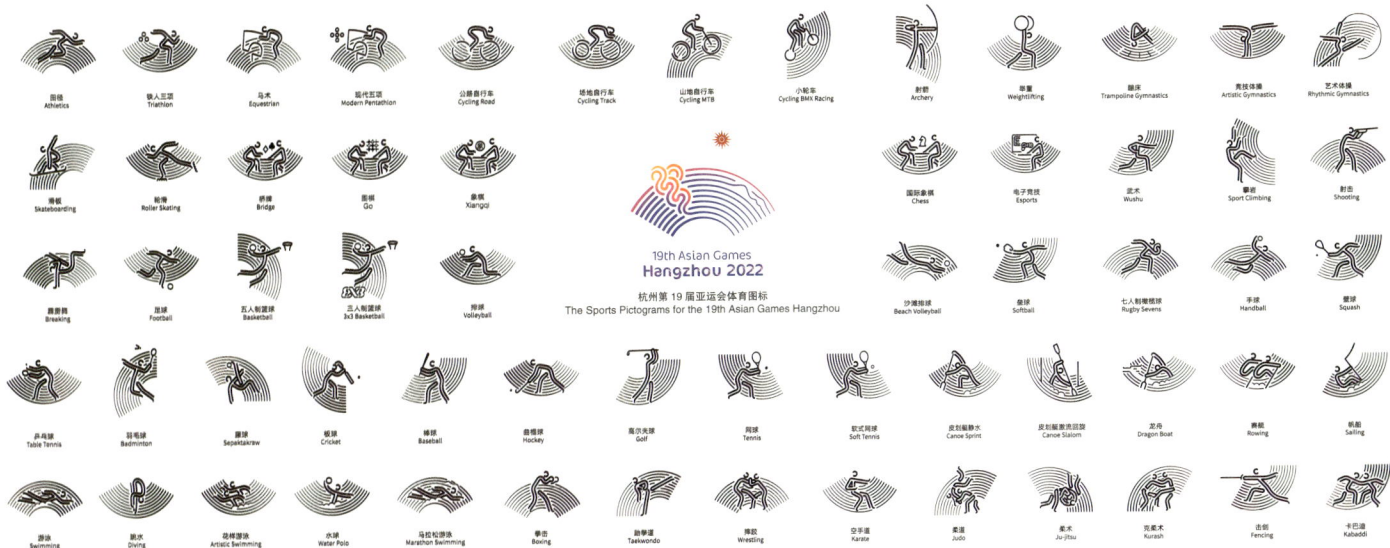

杭州第 19 届亚运会体育图标
The Sports Pictograms for the 19th Asian Games Hangzhou

奔竞不息的"弄潮儿"

———————

2023 年 6 月 15 日，杭州亚运会倒计时 100 天之际，杭州亚运会形象宣传片《弄潮》发布。

镜头向亚洲和世界展现了亚运会举办城市杭州以及五大协办城市的自然之美、文化之美、运动之美与数字之美。

宣传片以"弄潮"文化为主题，一名滑着滑板的"弄潮"少年从实证中华五千年文明史的圣地——良渚古城遗址出发，开启一场古今穿梭的自然人文之旅。以良渚古城遗址、西湖、京杭大运河三大世界文化遗产为代表的城市风光，亚运场馆群、各大城市地标和亚运竞赛项目，通过"弄潮"少年的视角转换和丰富的镜头语言一一呈现。

一幅绝美的《富春山居图》徐徐展开，画卷上是蹴鞠、射箭等中国古代传统体育项目，五个协办城市亮出各自的风采。从千古宋韵到活力新城，传统与现代不断交汇，最终相聚在第19届亚运会开闭幕式主会场"大莲花"，发出相约杭州、相约亚运的邀约。

宏大精美的画面间，穿插运用了"国潮"风格的手绘。摄制团队还将镜头深入城市细微之处，捕捉温暖与感动的瞬间。镜头中，记忆深处的大街小巷，热气腾腾的杭帮美食，老巷子里骑着自行车的父女，潮流时尚的青年男女，无不散发着浓郁的烟火气息。"印章传递人"西泠印社理事、西湖龙井炒茶师、空竹文化推广者、乒乓少年等不同面孔的闪现，彰显全民参与亚运、奉献亚运的东道主热情。在这个城市里的每一个角

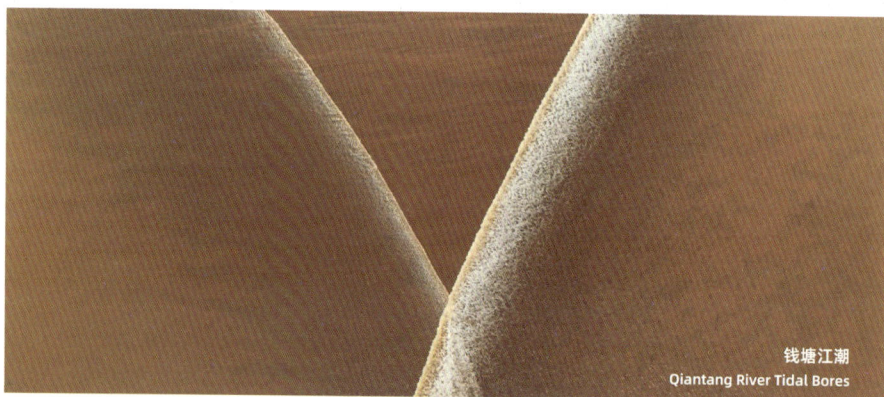

钱塘江潮
Qiantang River Tidal Bores

钱塘江潮
Qiantang River Tidal Bores

落，从文化名人到普通市民，都在用自己的方式讲述一段关于亚运的故事，感受着亚运东风为城市注入新的活力和机遇。电竞项目、移动支付、未来酒店等，代表着杭州城市的抱负。在加速孵化、培育新的企业和产业的过程中，杭州已站在新一轮产业和科技革命的风口，向世界展开一幅科技画卷。

《弄潮》在三分钟内集结杭州的城市风物，讲尽这个城市"潮"的前世今生。从气势磅礴的钱塘江潮、尽显江南风韵的绝美西湖、腻绿长鲜的西湖龙井、被誉为"天下第一社"的西泠印社，到生动丰富的国漫文化、新潮的电子竞技以及"颠覆"生活的移动支付，杭州这座千年古城，见证了太多"潮"文化的诞生、繁盛与复兴。

《弄潮》"出圈"的背后，是杭州亚组委宣传部与执行方河南卫视历时8个月，优化调整创意方案近30版，举行线上线下会议近20场，几经修改打磨，千方百计追求精品的努力，是一份使命感，更是一份情怀。值得一提的是，因为专业运动员没有档期，作为全片串联人物的滑板少年，是工作人员董岳敏和刘妍汐带着导演去一家家滑板机构寻找，大海捞针般找了近10家店，才寻得的。

功夫不负有心人。

"支付宝到账……"这是杭州亚运会形象宣传片《弄潮》里唯一出现的台词，来自陈卫强审片时的修改创意。五个字秒现，却深刻地反映了科技改变生活。

有网友评论说，这是大家最喜欢听的声音，因为它象征着有盼头的生活，象征着杭州人骨子里一种永远往上看的生命力。从第一单淘宝交易、第一次扫码支付、第一张电子证件、第一笔线上生活缴费、第一次刷脸看病等，到公交、地铁和便利店支持移动支付等，杭州是名副其实的移动支付之都，是当之无愧的"互联网之都"。

"潮"，仍在继续。

2023 年 9 月 23 日晚，杭州第 19 届亚运会开幕式现场，一名高逾 20 米的金色数字火炬人手持火炬，踏着钱塘潮涌而来，惊艳全场。在亿万观众的见证下，"他"与现场的主火炬手一起点燃"钱江潮涌"主火炬塔后，逐渐幻化为满天的星辰，洒满现场，成为亚洲奥林匹克历史上的经典时刻。

"相聚一团火，世界共此时。"数字点火仪式，不仅缔造了亚运历史上的首次，在综合性国际体育大赛中也属首创。这一刻，心系亚运的 1 亿余名数字火炬手，星火成炬，共同点燃了亚运圣火的荣光，点燃了亚洲几十亿人民的热情。

由 1 亿余名数字火炬手汇聚而成的数字火炬人，有一个承载着杭州深厚历史文化底蕴的名字——弄潮儿。

为回应社会各界的热切期望，打造又一标志性亚运品牌，杭州亚组委于 2023 年 9 月 29 日—2023 年 10 月 5 日启动了"亚运数字火炬人"征名活动。经过两轮专家评审，反复研讨酝酿，最终"弄潮儿"脱颖而出，成为"亚运数字火炬人"的名字。

巧合的是，在令人目不暇接的众多投稿作品中，"弄潮儿"也恰恰是出现频率最高的关键词。

百川归海，众望所归，杭州亚运最懂"弄潮儿"——

"弄潮儿"，是钱江自然之潮的竞逐者。"潮"源于钱塘江，浙江省内最大的河流。钱塘江大潮被称为"天下第一潮"，是世界一大自然奇观。"弄潮儿向涛头立，手把红旗旗不湿。"古时候的"弄潮"是一种体育竞技活动，"弄潮儿"指参与这一水上运动的运动员。今天，我们把那些在历史潮流中不畏艰难、不断进取、开拓创新的人，那些埋头苦干、只争朝夕、砥砺奋进的人，那些善于运用智慧去破解难题而获得辉煌成就的人，都亲切地称为"弄潮儿"。千百年来，勇立潮头的"弄潮儿"形象，是钱江两岸奔竞逐浪的英雄儿女的代名词。

　　"弄潮儿"，是浙江人文之潮的传播者。浙江人文鼎盛，钟灵毓秀，历来敢于领风气之先。钱塘江作为浙江的母亲河，孕育了浙江人勇立潮头的精神风貌。作为民营经济大省，浙江企业家们始终保持不服输、不放弃，勇立潮头的奋进姿态，凭借"走尽千山万水、说尽千言万语、想尽千方百计、吃尽千辛万苦"的"四千"精神，开拓进取，敢为人先，书写着一个又一个精彩传奇。"弄潮儿"的诞生，厚植于浙江丰厚的文化土壤和充满活力的创新环境，寓意着新时代的中国正与亚洲、世界交融激荡，像浪潮一样奔涌向前。

　　"弄潮儿"，是亚运智能之潮的引领者。"智能"是杭州亚运会的办赛理念，数字赋能、科技助力是本届亚运会的鲜明特色，亚奥理事会称赞本届亚运会开启了亚运智能化的新时代。"弄潮儿"以数字为媒，汇聚万众力量，体现互联网精神，是亚运历史上的新生事物，更是时代弄潮的产物。

　　"弄潮儿"，是亚运青春之潮的塑造者。从"90后"杭州亚运会体育展示团队强势"出圈"，到众多"00后"甚至"10后"选手闪耀亚运会赛场，再到大学生志愿者热情灿烂的微笑和细致周到的服务，青春是杭州亚运会最亮的成色，青春之潮是"弄潮儿"最美的底色，是"心心相融，@未来"的完美诠释。

　　在开幕式点火仪式上，"弄潮儿"数字火炬人和熊熊燃烧的"钱江潮涌"主火炬塔，唤起了亿万人心中的激情。表面由镜面不锈钢波纹板制成的19根火炬柱，以形态各异的方式排列组合，呈现刚柔相济的"浪潮"造型，每一根立柱代表一届亚运会。在闭合状态时，主火炬塔像是一朵翻卷的浪花；在点燃之时，19根火炬柱渐次展开，从蓄势待发到错落舒展再至汹涌澎湃，形成一股充满科技美感的金属浪潮，象征浙江精神的钱江潮在现场奔涌。

古老的钱塘江奔涌不停，蜕变的是一代代"弄潮儿"所带来的崭新气象。而今，蕴含拼搏进取之美的"弄潮儿"精神，被时代赋予更为广泛而生动的内涵。

杭州亚运会的承办，是浙江精神在一场大型体育盛会上的表达，是体育竞技所追求的"平地起波浪"的境界的呈现，是古往今来爱折腾、会折腾、能折腾的人们，观钱塘江潮水、悟钱塘江"潮魂"的诠释。

至此，会徽"潮涌"、体育图标"曲水流觞"、数字火炬人"弄潮儿"、主火炬塔"钱江潮涌"等一系列视觉标志后先相继，起承转合，百折不回，以鲜明的视觉意象、深厚的文化积淀、澎湃的体育精神，展示了浙江儿女奔竞不息、勇立潮头的气概，又以大气开放、宽广无际的胸怀，表达了与亚洲人民深厚的情谊。

几大视觉元素和创意作品汪洋恣肆，矫矫自立，一脉生长，共同承载浙江杭州深厚的历史文化底蕴和澎湃的科技创新基因，开启亚运历史新纪元。

"浩浩之水，朝夕既有时。"钱江潮水召唤着来自全亚洲、全世界的"弄潮儿"相聚杭州，共享自然之潮、运动之潮、文化之潮、数字之潮、美学之潮。

第三章

江南忆

—— 吉祥物的设计和传播

"江南忆，最忆是杭州。"

作为最官方的视觉标识，会徽"潮涌"于亚运即将进入"杭州时间"之际发布，随后在 2018 年雅加达亚运会闭幕式上的"杭州 8 分钟"文艺表演中精彩亮相，引起了世人对杭州亚运会系列视觉标识的无限期待。

吉祥物的征集设计迅速成为国内外关注的焦点。

如果说杭州承载了中国文化千百年来对江南的美好想象，那么吉祥物设计则是一届亚运会中最受期待、最具人格化特征、最容易走进千家万户的重要视觉形象设计。

当杭州牵手亚运，当中国气派命题亚运设计，当江南文化浸润亚运美学，集万千宠爱与万众期待的吉祥物，将给世界带来怎样的惊喜？

"江南忆"，来了……

吉祥物诞生记

————

　　"吉祥物"一词，源于法国普罗旺斯语"Mascotto"。英文"Mascot"由此衍变而来，指能带来吉祥、好运的人、动物或物品。

　　在现代奥林匹克运动史上，吉祥物首次出现于1972年第20届慕尼黑奥运会上。时任慕尼黑奥组委主席的威利·道梅向时任国际体育新闻协会主席的费利克斯·列维坦赠送了一只德国猎犬，宣布该犬种将成为第20届慕尼黑奥运会的吉祥物，并透露该吉祥物的名字为"奥林匹亚—瓦尔迪"。在这届奥运会上，这只被称为"瓦尔迪"的装饰性德国纯种小猎狗形象在巴伐利亚随处可见。小猎狗的头、尾对称地涂着浅蓝、深蓝、深绿、嫩绿、黄、褐六种颜色，象征着德意志大地和天空的色彩，烘托出了一种热闹和谐的气氛。

此后，吉祥物逐渐成为国际大型体育赛事形象标识的"标配"。亚运会史上第一次出现吉祥物是在1982年第9届新德里亚运会上，新德里选择印度的"国宝"亚洲象作为这届亚运会的吉祥物形象，并取名"阿波"，代表其特有的印度文化和风土人情。1990年，我国第一次举办国际大型体育赛事，北京亚运会选择中国的"国宝"大熊猫作为吉祥物形象，这只左手举着天安门图像的奖章、右手竖起大拇指"点赞"，憨态可掬的大熊猫"盼盼"成为许多人脑海中关于吉祥物的经典形象。

《奥林匹克宪章》明确规定，吉祥物的图案设计要生动活泼、个性鲜明，具有民族文化与时代特征，要充分反映举办国的民族特色与文化传统。

回顾历届国际体育赛事，吉祥物都是展现文化特色、传播文化精神的重要载体。东道主国家采用拟人化的手段、漫画的线条和造型为大型赛事设计的吉祥物，表现形式常为卡通漫画，通过动物和非动物的形象拟人化呈现。在造型要素上，吉祥物五官的变化，能展现不同情绪的面部表情，其姿态的展现在没有语言的情况下赋予了吉祥物更加鲜明的个性，使得吉祥物更加地充满美感与人格化。

体育赛事吉祥物大多以举办国家或主办城市有特色的动物形象为创作原型。如2010年广州亚运会的吉祥物"乐羊羊"是五只形象时尚的羊，代表着广州"五羊之城"的历史文化；2019年武汉军运会吉祥物"兵兵"的原型是生活在中国长江流域、被誉为"水中大熊猫"和"水中活化石"的中华鲟，代表着"江城"武汉的长江文化；成都大运会的吉祥物是一只名叫"蓉宝"的大熊猫，同样是"熊猫之都"成都的文化标识。

有时，吉祥物也以拟人化或虚构的形象出现，如2008年北京奥运会的吉祥物"福娃"是五个融儿童与动物于一体的娃娃形象，其灵感来源于中国辽阔的山川大地、江河湖海和人们喜爱的动物形象。2024年巴黎奥运会吉祥物"弗里吉"是法国传统的弗里吉亚帽的拟人化形象。

　　在国际体育事业发展的浪潮中，吉祥物已作为重要、直接的视觉形象元素之一，被赋予了越来越多的社会意义和人文内涵。它们不仅体现着热爱运动、公平竞争、不断挑战的体育精神，还在诸多方面展现着东道主国家的形象和主办城市的历史底蕴、民族特色和文化传统。

　　杭州亚运会是世界观察中国的一扇窗户，通过亚运之窗，世界将领略中国式现代化的无穷魅力和无限风华。作为杭州亚运会的最佳"代言人"，吉祥物也因此承载着向世界展示杭州韵味、展示中国文化的一份使命。那么，什么样的形象才能作为吉祥物，代表这座有着中华五千年文明史的历史文化名城和创新活力之城？

　　2019年4月，带着春的气息，杭州亚组委在杭州市青少年活动中心面向全球发出杭州亚运会、亚残运会吉祥物设计征集的邀约。

　　杭州亚组委要求，征集的吉祥物设计应符合奥林匹克运动的追求与中国文化的价值观，体现杭州作为主办城市的历史人文和创新活力，契合"中国新时代·杭州新亚运"定位。同时，吉祥物设计还应具备"梦想、创新、欢乐、坚毅"的内涵和精神，充分表达人们对亚运盛会的热切期待，以及对构建亚洲和人类命运共同体的美好愿望，以其独具匠心的造型和积极向上的形象，赢得来自不同文化背景受众的普遍认同和喜爱。

　　登高一呼，应者云集。

　　杭州亚运会吉祥物征集活动迅速牵动海内外各界的目光。为吸引社会上专业设计力量的参与，杭州亚组委相继走进国内各大专业高校开展吉祥物征集宣讲活动，广泛动员更多设计力量的加入。

　　春江水暖鸭先知。在动漫之都、创意之城的杭州，不少新锐设计师早已跃跃欲试。在众多参与者当中，中国美术学院的张文和杨毅弘这对青年伉俪教师，常常把目光定格在牙牙学语的女儿身上，他们希望从孩童的视角找到更多的创意灵感。

　　张文，影视戏剧学博士、动画导演、空间影像交互体验设计师；杨毅弘，插画专业教师，有非常细腻扎实的视觉设计和表现功底，她的动漫作品曾多次获全国性奖项。这对夫妻既是同事，也是作品设计的好搭档。

　　万事开头难。刚着手设计，一个难题就困扰着他们。

　　用什么作为原型来塑造杭州亚运会吉祥物的形象？

　　这个问题同样深深地困扰着许多设计师。关于杭州亚运会吉祥物的原型，曾有很多创意。杭州"市花"桂花、西湖醋鱼、西湖荷花、西湖岸边的松鼠、2022 年的生肖"虎"……这些都曾与杭州亚运会的吉祥物联想在一起。

　　寻寻觅觅间，仿佛灵光一闪，张文和杨毅弘的女儿阿喜，给了他们亚运会吉祥物设计的最初灵感。阿喜当时才 3 岁，但在游泳、旱冰、篮球方面都有不错的运动天赋。孩子运动时的一颦一笑、一举一动都给予这对夫妇悸动和火花，夫妇二人因此将亚运会吉祥物定位为三四岁的孩子，因为孩子可以有无限可能。

　　如何利用亚运会吉祥物体现杭州乃至国家的形象？

　　四季的西湖变幻着动人心魄的风光，古朴的拱宸桥上印刻着大运河的千年时光，良渚古城遗址诉说着中华五千年文明……杭州这些美好的样子，设计师夫妇都一一经历过。在杭州，他们从求学的少年成长为教书育人的老师，从甜蜜的恋人变为相濡以沫的夫妻，再到为人父母带着孩子游玩、踏青，他们这些美好的经历和回忆，几乎都和这座城市有关。

　　很快，他们将吉祥物形象锁定在了杭州的三大世界文化遗产：良渚古城遗址、西湖和京杭大运河。

　　"从宝宝诞生一直到现在，我们经常带着她在杭州的各个角落散步、踏青、探险等，感觉非常开心。我们就想，能不能把这种愉悦通过吉祥物的方式，分享给每一个看到它们的人？最好是能够找到这么一个核心元素。最后我们讨论发现，良渚古城遗址、京杭大运河、西湖都是杭州的名片，三大世界文化遗产聚集在一座城市，这在国内和全世界都是少有的。同时，它们又代表不同的精神文明和文化底蕴。"设计师希望吉祥物的形象可以和杭州的城市形象高度融合，能够留有杭州的印记。这一点，恰与寻寻觅觅最能代表杭州亚运会的吉祥物形象的杭州亚组委领导们的思考不谋而合。

初稿中，杭州亚运会吉祥物的形象是三个卡通娃娃，为了凸显杭州数字城市的特点和浙江的水文化，他们将吉祥物设计为鱼形机器人，其外形具有鱼的特征，比如耳朵是根据鱼鳍的形态设计的，腿部也装饰着鱼鳞纹。

从构思到初稿，用时两周。他们还反复琢磨孩子的动作和表情，将这些作为设计灵感，转化到吉祥物的动作、表情中去。当三个亚运会吉祥物跃然纸上时，设计师兴奋的心情久久难以平复。

吉祥物被命名为"江南忆"，灵感来源于杭州"老市长"白居易的一句诗词："江南忆，最忆是杭州。"这是设计师对杭州最美好印象、最美好回忆的提炼，也是他们设计的初衷。为体现呼应，三个吉祥物最初分别起名为"江江""南南"和"忆忆"。

与此同时，吉祥物征集活动也正在如火如荼推进。截至2020年7月15日，为期3个月的征集，杭州亚组委共收到海内外应征作品4633件。应征者来自全国31个省、自治区和直辖市及香港特别行政区、台湾地区，以及英国、美国等欧美国家。

2020年8月，杭州亚运会、亚残运会吉祥物评选完成了第一阶段评审工作。杭州亚组委邀请艺术、设计、动画衍生、媒介传播、人文等领域权威专家及体育部门的人士和著名运动员代表等组成评审委员会。著名艺术家、2008年北京奥运会吉祥物修改创作组组长、清华大学学术委员会副主任、博士生导师韩美林教授担任评审委员会主席。

对于心目中理想的吉祥物，韩美林表示："杭州亚运会、亚残运会的吉祥物必须要是我们中华民族的。因为中国几千年的文化，所留存下来的历史文化积淀都有其精华。"

经过专家评审，评委们选出10件入围作品，其中4件为推荐作品。为了让吉祥物更加聚焦杭州文化，杭州亚组委又从4件作品中选出3件，作为重点深化修改方案，委托中国美术学院组织3个专家组进行指导修改，中央美术学院、清华大学、同济大学等高校也参加了修改指导和论证。

围绕着"杭州元素高度精练，造型高度精准，文化蕴涵深度挖掘"的目标，3件候选作品都进入了紧张的修改阶段。浙江省、杭州市及杭州亚组委相关领导和中国美术学院的专家团队高度重视吉祥物设计方案的修改，及时指导，给予了许多有建设性的专业建议。

在反复的比较、论证、斟酌、取舍中，"江南忆"的方案渐渐脱颖而出。

从设计之初，"江南忆"三个形象就十分突出水的元素，因为杭州和浙江傍水而居、因水而兴。在第一稿的雏形中，方案融入钱塘江的浪花、良渚的玉琮、西湖等元素。方案提交杭州亚组委讨论时，陈卫强以开放包容的姿态，多次召集更大范围、更高层面的研讨论证，在畅所欲言、集思广益中进一步明晰了吉祥物的修改方向。

宋建明和杭州亚运会艺术设计研究中心秘书长毕学锋，就是经常参加研讨的专家，他们对吉祥物的造型、元素提炼、背后文化的深层寓意挖掘等做了进一步指导。

"最终选用机器人形象，是杭州亚组委领导和各界专家普遍一致的意见。这主要是为了契合杭州的城市属性，数字城市、智慧城市是现代杭州最突出的气质属性。"宋建明说。

"江南忆"组合，是历届亚运会吉祥物中，唯一不用动物的形象来进行设计的吉祥物。"江南忆"组合采用鱼形机器人的形态，3个娃娃的脚上均有鱼鳞状的纹样。设计师说，鱼形源自杭州的水文化。五千年前的良渚文明傍水而生，而西湖、钱塘江、大运河，都与杭州的居民生活、历史文化紧密相连。

机器人的造型，则代表了杭州作为智能科技城市的特性，象征着杭州是一个具有高科技的现代化城市，向亚洲及世界展现杭州除了人文、自然风光之外，还有快速发展的科技，其数字化、科技化的氛围浓厚。

给吉祥物取一个响亮的名字，也在修改论证过程中成为一个十分迫切的话题。在陈卫强看来，简单以"江江""南南"和"忆忆"给吉祥物命名，缺乏清晰的含义指向，也无法体现每一个吉祥物的文化特性。

怎么取名？还得从吉祥物本身去寻找。

仿佛电光一闪，又似百转千回，在领导、专家的头脑风暴中，三个以叠字命名，亲切可爱、朗朗上口的名字渐渐浮出水面——

"琮琮"的灵感来源于良渚文化，将良渚文化的标志性符号"神人兽面纹"投射到了"琮琮"的身上。"宸宸"的灵感来源于拱宸桥，额头上有三个古桥桥洞的图案。"莲莲"换了一身青绿色的衣服，头顶上的纹路交织相连寓意着万物互联，眼睛含笑眯成两道弯弯的月牙儿，显得更加可爱。更名后，吉祥物的新名字更融入杭州的文化，让人通过名字能立刻联想到杭州的三大世界文化遗产，让人更容易记住，也更加贴近生活，就像邻家小伢儿向我们奔来。

对于三个吉祥物的体型大小，曾有过几种方案。其中一个方案提出吉祥物的体型是否可以有大有小，比如"琮琮"特别壮，"宸宸"比较短小精悍，"莲莲"特别纤细。但是考虑到江南内敛含蓄的审美，最后设计师选择在一个小的范围里拉开差距。最终的设计稿里，"琮琮"确实看上去比较强壮，充满力量和智慧，表现出文化自信；"宸宸"看着像一个时尚酷炫的小男孩，充满了冒险精神；"莲莲"看上去偏女性化一点，头上有一根"小辫子"，像一个小女孩一样精致美好。

作为中国色彩学科的领军人物，宋建明多次从专业角度为吉祥物科技属性和色彩体系的建立等给出十分重要的意见。

在色彩选择上，"江南忆"兼顾了杭州清丽、典雅、温润的城市独特色彩体系，提炼汲取了三个主色彩体系：象征着运河水的科技蓝色系、象征着良渚文化的复古暖黄色系，以及象征着西湖的生态绿色系。设计师认为，关于江南地区杭州的叙述，离不开宋韵文化的风华。所以，设计师还从宋瓷、宋画中汲取灵感，从湖山景致中探索精神，找寻这座南宋古都里蕴含的美学，赋予到"江南忆"吉祥物身上。比如，吉祥物"宸宸"的外表设计，便参考了官窑的质感；波光粼粼的水浪，模仿了汝窑的质地，晶莹柔润。

吉祥物的颜色顺应数字媒体应用的需求，体现出科技感的光泽和质感。"琮琮"身上有着偏黄色透明哑光玉琮的质感，同时兼具荧光科技感；"宸宸"的质感介于水和瓷器之间，再加上机械感；"莲莲"的"皮肤"则是基于宋代瓷器的质感做了微调，色相更为鲜活。

修改后的吉祥物最后还存在一个问题。杭州亚组委领导在审看吉祥物时，发现没有突出眼睛。当初设想吉祥物的眼睛由电子屏幕代替。眼睛是心灵的窗户，能反映出不同的情绪，表达不同的情感。如果只是一块没有感情的电子屏幕，总觉得空洞无神，更难以与人进行情感上的交流。

一语点拨，吉祥物有了更有神采的"眼睛"。略显夸张、大且黑眼睛的"琮琮"，给人以热情、乐于交友的感觉；水汪汪、椭圆形眼睛的"宸宸"，给人以单纯、和善亲切的感觉；眼睛半圆形、眯成两道弯弯的月牙儿的"莲莲"，呈现眼睛含笑、天真可爱的形象。"确实感谢领导的画龙点睛，吉祥物一下子仿佛活了起来。"设计师说。

宸宸 Chenchen　　琮琮 Congcong　　莲莲 Lianlian

历经 5 次大修改，20 次小修改，以及严格的社会评议、图形查重、送审报批等程序，"江南忆"最终脱颖而出，成为杭州亚运会吉祥物候选方案。

2020 年 1 月 9 日，杭州亚组委派工作组前往在科威特的亚奥理事会总部递交吉祥物设计方案。4 天后，亚奥理事会致函杭州亚组委正式批准吉祥物"江南忆"。

正像吉祥物线上发布宣传短片中所刻画的——宇宙无垠，三道绚烂的科技光束划过未来城市的浩瀚星空，智能机器人小伙伴"琮琮""宸宸""莲莲"跨越时空，闪亮登场，在光影闪烁中，用萌萌的姿态向世界问好。

详解"琮琮""宸宸""莲莲"

————

　　杭州亚运会的三个吉祥物"琮琮""宸宸""莲莲"，有着不一般的美学文化内涵。

　　作为杭州亚运会吉祥物设计的"带头人"，陈卫强带领一群孜孜以求的亚运人，汇集专家智慧，借助设计师之手，为杭州献上了这份厚礼。自豪欣喜之余，他执笔为吉祥物写下了权威解读：这组吉祥物承载了深厚的文化底蕴，充满了时代活力，融合了杭州的历史人文、自然生态和创新基因。穿越时空，怀揣梦想，抒体育之欢畅，亮文化之灿烂，树经济之标杆，与杭州这座城市的特质相契合。

　　"琮琮""宸宸""莲莲"一经问世，立即好评如潮。许多业内专家表示，杭州亚运会吉祥物的设计充分融入了城市文化，具有城市气质与文化历史韵味，将城市独有的精气神进行放大，在传播体育文化的同时，也自然而然地对城市文化起到了推广的作用。传统元素与当代特色结合，将杭州的发展脉络通过"琮琮""宸宸""莲莲"这三个吉祥物进行了全面的展示，既具备互联网特色，又从人文、自然、历史等多角度展现出鲜活的地域文化。

确实，杭州亚运会吉祥物有着独具辨识度的外观特征。当我们看到吉祥物时，就仿佛浮现了湖水澄澈、山峦连绵的西湖美景，听到了雄浑古朴的拱宸桥下千年古运河的航运繁忙，感知到了钱塘江澎湃汹涌的潮水，感受到了五千年古国的宫宇巍峨、玉器精美。

有人说，看懂了杭州亚运会吉祥物身上的符号，也就读懂了杭州的历史和文化。

琮琮
Congcong

良渚玉琮

神人兽面纹

亚运能量环

水文化　鱼鳞纹

"琮琮"代表着良渚古城遗址。被誉为"中华第一城"的良渚古城，是实证中华五千多年文明史的圣地。良渚文化距今 5300 ～ 4300 年，是中国古代文明的重要源头之一。2019 年 7 月 6 日，良渚古城遗址成功列入《世界遗产名录》。联合国教科文组织明确指出，良渚古城遗址代表了长江流域对"多元一体"的中华文明起源做出的卓越贡献，这也意味着，中华五千年文明史终为国际公认。

"琮琮"的名字，源于良渚文化的代表性文物——玉琮。良渚文化的一个重要特征是玉器文化。良渚玉器不但类型丰富、制作精美，还用来明确尊卑、划分等级，集中体现了良渚先民的勤劳、智慧和创造力。在良渚玉器中，玉琮、玉璧象征神权，玉钺象征王权、军权，其中最突出的就是玉琮。玉琮，形制大多为方柱形，少部分为圆形，是祭祀的大礼器之一。

"琮琮"头部装饰的纹样取自良渚文化的标志性符号"神人兽面纹"。在良渚文化中，玉器是礼器，是传递精神的符号，玉器上的神徽，是良渚人崇拜的图腾。被誉为"琮王"的大玉琮，其器表所饰的"神人兽面纹（又称'神徽'）"，又名"饕餮纹"，也是夏、商、周青铜鼎上饕餮纹的最完整的原型。

"琮琮"的纹理元素灵感来源于良渚稻种文化中的稻穗。长江下游地区气候温暖湿润，降水量充沛，湖塘、沼泽、河流密布，适合野生稻生长和水稻种植。良渚已发掘的考古遗址的植物遗存调查结果显示，当时的稻作农业生产已经相当成熟，农业的进步为良渚文明奠定了坚实的物质基础。

"琮琮"的主色调是黄色，象征着扎根乡土的农耕文明。黄色源自大地、代表丰收，正如良渚文化中的稻作农业，至今仍深远影响着亚洲乃至世界。另外，黄土地、黄皮肤也是中华文明和中国人的象征。

"琮琮"身上的良渚元素，是对生生不息的中华文明的一种符号化表达，赋予了这个吉祥物一份古老文明的历史厚重感。

值得一提的是，与"琮琮""宸宸""莲莲"的创意灵感相似，且同样入围候选方案，一直同步深化修改，并和"琮琮""宸宸""莲莲"竞争到最后的，还有一只从良渚五千年文化中飞出的"小胖鸟"——亚残运会吉祥物"飞飞"，他是对良渚文化玉鸟形象的创意表达。在良渚文化里，鸟是神圣的，与天沟通的使者，人们对鸟的崇拜是发乎本性的精神崇拜。玉鸟作为一种装饰品，也是地位的象征，通常被缝缀在地位高的人的衣物上。"飞飞"是"三青鸟""蓝翡翠""良渚玉鸟"三种鸟的"合体"。飞翔的神鸟代表阳气所凝的"日"，是光明的使者、万物复苏的报喜神。"飞飞"从双翼延续到脸颊上的是良渚文化中标志性的"神人兽面纹"，扬起的翅膀展现了力的美感，纹理宛如潮水，又象征亚残运会竞奔不息、勇立潮头的精神，呼应了会徽"潮涌"。

钱塘江、创新探索

京杭大运河、拱宸桥
世界文化遗产标志

亚运能量环

水文化　鱼鳞纹

宸宸
Chenchen

"宸宸"代表京杭大运河。京杭大运河是人类历史上超大规模水利水运工程的杰作，是世界上延续使用时间最长、空间跨度最大的运河，是世界运河工程史上的里程碑。

2014年6月22日，在第38届世界遗产大会上，大运河项目成功入选《世界遗产名录》，成为中国第46个世界文化遗产。

"宸宸"头饰上的三朵浪花代表着钱塘潮涌，代表着创新探索的精神，象征着在时代浪潮中拼搏向上的浙江人民，蕴含着蓬勃的生机和能量。古代，大运河和钱塘江是相通的。后来，为了遏止江潮对内河的倒灌，兴建了龙山闸和浙江闸，才让"钱江遂与内河隔绝"。

京杭大运河的北方"端点"在北京，南方"端点"就在杭州拱宸桥。作为京杭大运河南端的标志性建筑，拱宸桥也是杭州古桥中最高最长的石拱桥。值得一提的是，在最初杭州亚组委领导对吉祥物的修改创意中，还曾经设想把运河四大名塔之一的通州燃灯塔造型纳入其中，对于京杭大运河的致敬之意可见一斑。

"宸宸"的名字就源于拱宸桥。"宸宸"额头上的对称造型是拱宸桥与水中倒影的结合。额头上的三个桥洞同时也是三个人工智能摄像头，记录着每一个来到杭州、生活在杭州的人的幸福笑脸和美好回忆。这是对智能亚运的人性化表达，也代表着杭州亚运会是一场贯通古今、跨越边界的体育盛事。

"宸宸"的主色调是蓝色，象征着拥抱未来的数字文明。蓝色是海洋和天空的颜色，也是代表未来的颜色。"宸宸"的蓝色是数字经济大省的鲜亮底色，展现出浙江在数字文明这片"蓝海"中奋勇前进的形象。

钱塘自古繁华，运河千年流芳。"宸宸"传承着中华民族母亲河的血脉，在大运河中诞生、成长，踏着汹涌的钱塘潮，以"弄潮儿"矫健的身姿，乘风破浪、一往无前的先锋精神，冲在改革创新的最前沿，游向世界，游向未来。

莲莲
Lianlian

三潭印月

荷叶

万物互联

亚运能量环

水文化　鱼鳞纹

"莲莲"代表着西湖。"杭州之有西湖，如人之有眉目。"杭州，因湖而名，倚湖而兴。西湖，是杭州的"根"和"魂"。

西湖申遗的历程可以说是"十年磨一剑"。1999年，西湖申遗工作正式启动。2011年6月24日，"杭州西湖文化景观"列入《世界遗产名录》。从此，西湖成为中国第41处世界遗产，也是浙江省第一处文化景观遗产。

西湖被誉为"自然与人类共同的作品"。杭州有5000多年建城史，西湖有2000多年发展史。千百年来，西湖和杭州唇齿相依。杭州，由于西湖的存在，逐渐形成了"三面云山一面城"的格局，进而又孕育了"吴越文化""南宋文化""西湖文化"。

西湖的面积约为6.38平方公里，一泓碧水，皎洁晶莹，若镜若珠，绰约多姿。西湖四季，雅丽多姿，春来桃李争艳，夏日荷香十里，三秋桂子溢馨，隆冬梅花映雪，为游人留下赏不尽的美景。西湖的山呈现出小体量、多层次、低视角，天际线柔和委婉的特点；西湖的水历经千年浚治，巧妙地被分割成外湖、小南湖、西里湖、岳湖、北里湖五个大小不一的湖面，形成了独特而丰富的大尺度观赏景观，具有诗情画意的审美特性。

环绕西湖，数不尽的名胜古迹点缀其中。这里有雄伟壮观的寺庙，有流芳百世的英雄陵园，有高耸入云的宝塔，有古代石窟的精华，有巧夺天工的艺苑园林。这些文化古迹，与湖光山色融为一体，展示了杭州的悠久历史以及中华民族源远流长的灿烂文化。

"莲莲"的设计灵感来自杭州市民深刻在基因里的西湖印象。在西湖边散步时，波光粼粼的湖面，翡翠般的色彩，三潭印月的景象，接天莲叶无穷碧的景致，都成为创作的灵感来源。

"莲莲"全身覆盖清新自然的绿色，这是西湖的颜色，也象征着杭州万物和谐的生态文明。春日里的西湖，澄澈的水面泛着青绿色的光芒，远山与湖水交相辉映，美不胜收。苏堤、白堤像两条绿色缎带，飘逸于湛湛碧水之上。

浙江是"绿水青山就是金山银山"理念的实践创新基地，杭州是第一批国家生态文明先行示范区，协同推进高质量发展与高水平保护，探索了独具地方特色的生态文明建设模式。

"莲莲"的头上是一片荷叶，头饰以三潭印月为顶。十里荷花盛开的美景，是西湖的特征。古往今来，若论世间第一赏荷的胜地，非杭州西湖莫属。唐代白居易来杭州时写下"绕郭荷花三十里，拂城松树一千株"；南宋时，曲院风荷就已是西湖十景之一；焚香观荷，更是成为宋朝贵族名流乐此不疲的消暑经典风尚。而今，莲叶田田，仍是专属杭州西湖夏季的浪漫。

莲叶的茎脉，还象征着万物互联。杭州这座城市既有美丽的自然生态，也有发达的互联网科技。人文自然与科学技术的融合，正是杭州这座城市拥有的独特气质。

西湖是诗湖。唐宋以来，历代文人墨客行游于西湖山水间，将湖山之美诉诸笔端。有史书记载，历代西湖诗词达两万余首，白居易、苏轼、陆游、柳永、杨万里、范仲淹、林升等诗人都留有脍炙人口的传世精品。

"莲莲"的身姿，展现了江南城市所独有的诗性气质。他是热情的，婉约的，含蓄的，开放的，表现出杭州这座有着生机勃勃、精致和谐、热情开放的人文精神的城市，正向外传递着共建人类命运共同体的期许。

正因为吉祥物以其生动的造型承载了丰富的文化内涵，关于吉祥物的寓意，尤其值得一说再说。在杭州亚组委面向全国开展的宣传宣讲活动中，有关吉祥物的话题总能引起不同职业、不同年龄，甚至不同国籍的人们的无尽好奇心。

"琮琮额头的纹路为什么能发亮？"

"宸宸额头像豌豆荚的标志有特异功能吗？"

"莲莲笑起来很好看，是女孩子吗？"

各式各样的问题，代表着人们对"三小只"的喜爱，更是吉祥物充分受到社会各界的接受，走进人们生活的缩影。

作为很多次亚运宣讲的主讲人，杭州亚组委宣传部部长许德清对于杭州亚运会吉祥物总是如数家珍，娓娓道来。他常说，在这三个吉祥物身上，深植着中国江南文化的创意灵感和诗性表达，更代表着杭州的时代精神和社会价值。

"琮琮"作为良渚文化的标志性符号，寓意着不畏艰险、超越自我、不屈不挠的创新精神。在中国史前文明的各大遗址中，良渚古城遗址的建造规模和水平首屈一指。也就是说，在五千多年前，我们的先人就已经建立起了"中华第一城"。这种制度、理念上的探索精神和创新力量，传承至今，为推动当下经济社会发展注入了强劲动力。

"宸宸"头顶的钱江潮和拱宸桥，寓意着机智勇敢、聪慧灵动、向上进取的改革精神。浙江，是改革开放的排头兵、试验田，开放基因深植于浙江人民心中，成为地域群体的鲜明特质。致力于打造"亲""清"政商关系的政务部门，敢于创新的浙江民营企业，都在书写着一部为发展闯关、为改革探路的传奇史诗。流淌千年的京杭大运河迎来"世纪复苏"，浙江从"传统经济"到"数字经济"的升级，体现了浙江人勇敢立潮头、永远立潮头的追求和境界。

"莲莲"寓意着热情好客、精致和谐、海纳百川的开放精神，传递着共建人类命运共同体的理念。从拆围墙，到免门票，世人看到了一个开放的西湖、大气的西湖、自信的西湖，也让不按套路出牌，敢于创新，敢于实践的杭州，迈入了一个开放和快速发展的新时代。走到了全球聚光灯下的西湖，是亚洲和世界人民的"同心湖"。好山好水好人文的杭州，是一座历史文化名城，更是一座创新活力之城。

吉祥物火爆"出圈"的背后

———————

　　杭州亚运会吉祥物面世后，亚运人和杭州市民一样，都把"三小只"看成自己的孩子。

　　被赋予了生命的吉祥物，分别有着自己骄傲的名字。在后来的传播推广中，就像介绍自己的孩子一样，杭州亚组委也不遗余力地向世人推介和叫响他们的名字。就连杭州亚运村里的三条路，也特意取名"琮琮路""宸宸路""莲莲路"。在亚运村，走在以他们的名字命名的小路上，在十字路口抬头望见信号灯，信号灯图像竟也化身为"琮琮""宸宸""莲莲"的形象，仿佛走进了童话世界。

　　这样的路名，这样的信号灯图像，将会在杭州亚运村里永久保留下来。这是杭州亚组委留给世界的"亚运遗产"和美好记忆，也见证了杭

州亚组委以人格化赋能吉祥物，努力使他们更"出圈"的努力。

在杭州亚组委宣传部吉祥物推广办公室的卢思丹眼里，杭州亚运会吉祥物，有着鲜明的性格特征。工作中最常见的一幕是，卢思丹牵着"琮琮""宸宸""莲莲"扮演者的手，小心翼翼地穿过活动现场，眼里尽是关注和关爱。

杭州亚运会吉祥物这三个充满活力的"萌宝"，拥有各自的独立人设。"琮琮"是一个充满力量感的孩子，虎头虎脑，大大的眼睛又黑又亮，手臂是舒展的；"宸宸"是活跃的、机智的，眼睛又黑又亮，奔跑着的姿态，传递出和善、愉悦的正能量；"莲莲"像温润、腼腆的小宝贝，跑向众人给予拥抱。

三个"萌宝"，个性鲜明，各有所长。不同的运动项目，都对应了吉祥物们相应的"人设"。来自中华五千年文明圣地良渚的"琮琮"，代表力量，擅长力量型、具有文化底蕴的传统运动，比如举重、武术。来自京杭大运河的"宸宸"，以速度取胜，擅长速度型项目和球类项目，比如跨栏、足球。来自西湖的"莲莲"，甜美可人，擅长充满诗意、柔美的技巧型项目和水上项目，比如艺术体操、游泳。

61个吉祥物运动造型，成为他们的"卖萌地"。"头大、腰粗、腿短"的三个吉祥物，看着憨态可掬，要让他们以合适的姿态完成一个个体育动作，需要设计团队绞尽脑汁：摔跤选择了得分点最高的动作"背胯摔"，柔道选择了"过肩摔"，"克柔术"选择了"胯摔"。几个运动造型中，三个"萌宝"的表情各不相同，"摔"和"被摔"的细节也被一一体现。其中，力气大的"琮琮"，因为表现出色，总是流露出得意的表情。

电子竞技项目首次亮相亚运会，意味着没有前例可以参考。设计团队反复琢磨，最后定下的方案叫作"胜利的一击"：在现实空间中敲着键盘的"宸宸"，摇身一变，成了一名穿着战甲、威风凛凛的"虚拟人物"，正欢呼雀跃地庆祝得分。两个形象一实一虚，生动地表现出电竞选手酣畅淋漓的状态。

龙舟是唯一三个"萌宝"集体出场的项目。"琮琮"在船头击鼓，"宸宸"和"莲莲"各执一桨奋力划船，充满斗志。龙舟是一项强调协作的中国传统体育活动，力量、速度、技巧缺一不可。齐头并进追求美好生活也是"寓必吉祥"的体现。

为了推广吉祥物的形象，杭州亚组委宣传部在官方网页上专门开辟了一个专栏，用短视频的方式全方位地展现吉祥物走进千家万户、走向社会生活的有趣故事和精彩瞬间。专栏的名字也是陈卫强选定的——"吉祥物冲冲冲"。

在杭州亚运会召开前夕，"全民迎亚运"的氛围感也逐渐拉满。"亚运四进"活动让头绘"神人兽面纹"的"琮琮"、额嵌"拱宸桥"的"宸宸"、盖着"荷叶帽"的"莲莲"，走进杭州的中小学校、社区、企业和机场、

火车站、广场。每一次出场，他们都成为"全场最靓的仔"，与吉祥物合影，成为小朋友和家长最开心的事。杭州亚组委举办的每一次活动，三个"萌宝"都是必到的嘉宾，成为活动现场"最闪亮的星"。"江南忆"组合吉祥物还被制作成城市景观小品，在杭州和其他亚运协办城市纷纷亮相，吸引了广大市民的眼球。

杭州文三数字生活街区的亚运会吉祥物 3D 裸眼大屏秀，以"琮琮""宸宸""莲莲"为主角，生动展示了足球、帆船、电竞等运动场景，让亚运会吉祥物"活"了起来。三个吉祥物"破屏"飞跃的场景，更是让观众与亚运会吉祥物"零距离互动"，感受到"数智＋亚运"的独特魅力。这里也成为杭州的一处"网红打卡地"，吸引游客和过往市民纷纷驻足。

除了进社区、进学校，可爱的亚运会吉祥物"琮琮""宸宸""莲莲"还登上了途经杭州、上海等地的 200 多趟动车组列车，与旅客近距离接触。2023 年 8 月 4 日，在杭州亚运会迎来倒计时 50 天的时刻，专为杭州亚运会打造的复兴号亚运智能动车组列车迎来首次试乘体验。"琮琮""宸宸""莲莲"也随车打卡，吸睛无数。列车经停站点，不少体验者下车与吉祥物合影，气氛热烈。

亚运会吉祥物的可爱造型，让他们"火出了圈"。

除了遍布全城的吉祥物城市景观小品，杭州亚组委对吉祥物人偶服装先后进行了三次升级，从"大头版""简装版"再到"气模版"，既要保持吉祥物憨态可掬的可爱造型，还要方便托运携带。

"我们准备了 10 套吉祥物人偶服，即使这样，还是远远不够用。最忙的时候，一天曾接到几十个借用的电话。每当此时，我总是很抱歉地告诉他们：大家的热情，'琮琮''宸宸''莲莲'已经感受到了，但他们真的很忙，别着急，很快，他们就会来到你身边。"负责"亚运四进"吉祥物人偶服管理的王子人眉飞色舞地回忆。

　　他们跟着"亚运走十城"活动，走进北京、上海、广州等城市，北京"鸟巢"、南京"古城墙"、广州"小蛮腰"……都曾留下他们的足迹。每到一处，他们都成为当地的"显眼包"，广受欢迎。三个"萌宝"，每个都有独特魅力，每个都拥有跨越各年龄层的"粉丝"。

　　"你的笑容是最美风景，就用双眼把美留在心底。"

　　在亚洲各国（地区）的"迎杭州亚运会趣味跑"活动中，他们跨越亚洲大陆的山川河流，不远万里出现在活动现场，瞬间成为燃爆全场的"明星"，受到各国青少年最诚挚热烈的喜爱。

　　一次次惊喜雀跃，一次次簇拥伴随，一次次温暖依偎，一次次挥手道别，"琮琮""宸宸""莲莲"作为杭州亚组委献给全世界的礼物，以"最杭州"的意蕴，见证着亚洲大地的山水相连、民心相通，以"最江南"的抒情，传递着"心心相融，@未来"的无尽向往。

第四章

新变

—— 从口号中的『@』说开去

"中国新时代，杭州新亚运。"

亚运会已经举办了18届，中国也已第三次举办，"杭州新亚运"，"新"在哪里？

亚运人自信从容，给出了自己的答案：我们恰逢时代之新，面临机遇之新，承载使命之新，更引领科技之新。

作为全球知名的数字之城，杭州的数字经济不仅给智能亚运注入澎湃动能，更为亚运美学设计创设了全新的文化环境，提供了求新求变的文化滋养。

以敢想敢干的气概，组建亚运历史上第一家艺术设计研究中心；

以敢于创新的魄力，推出亚运历史上最令人难忘的主题口号；

以敢为人先的精神，打造亚运历史上最具科技含量的火炬；

以全新的互联网思维，上线亚运历史上第一支数字火炬并持续吸引全球亿万人次参与线上火炬传递，直至亿万星光汇成"弄潮儿"；

……

下面，就让我们从亚运美学文化的角度，共同领略智能化带给杭州新亚运的无疆视域。

守正创新：亚运人的使命

————

从奥运会报告封面和体育商业海报等平面设计作品在 1896 年的雅典奥运会萌发，到 1913 年，皮埃尔·德·顾拜旦先生构思设计出奥运五环标志；从 1964 年东京奥运会首次启用奥运会运动项目标志设计，到 1990 年中国第一次举办综合性国际大型体育赛事——北京亚运会时，吉祥物大熊猫"盼盼""刷屏"登场……

五环旗下，奥林匹克运动不仅是体育的竞技，更是视觉形象设计的比拼，以及设计背后深层次的文化交流与对话。

如何在国际大型体育赛事的视觉形象设计中脱颖而出，打造一套充分反映主办城市形象，体现竞技体育内核，独具特色，开启新篇的体育赛事视觉形象系统？这是杭州亚运会筹办工作中的一道"必答题"。

"在这场考试中，不仅要交出'答卷'，还要获得高分。"这是每个亚运人心中的目标。

深秋时节，走进中国美术学院象山校区，恬静安闲之外，多了份宁静旷远。踏着厚厚的银杏叶，穿过几幢随着山水婉转的建筑，爬上几级台阶，只见墙面攀爬的藤蔓变得稀稀落落，却依然执拗地挂着几片黄色的叶子，来到一处不显眼的角落，轻轻推开大门。

曲径通幽处，一处洋溢着艺术气息的空间跃入眼帘。大幅大幅、小张小张的设计稿堆满了整个房间，让人不得不屏息凝神，生怕一不小心，就惊动了这些画稿。

这里是杭州亚组委和中国美术学院共建的杭州亚运会艺术设计研究中心。在这里，我们或许能窥见杭州亚运会视觉形象系统建设背后的故事。

为充分整合社会各方资源，共建共享亚运盛会，力促亚运筹办工作高效有序开展，并着力推进杭州市人民政府与中国美术学院开展的"市校合作"战略，2019年11月8日，杭州亚运会艺术设计研究中心应运而生。

"高质量服务于亚运会赛事，高水平体现时代的设计文化，站在设计东方、设计文化的高度，高质量彰显中国文化精神，是杭州亚运会艺术设计研究中心的重点任务。"许江表示，在杭州亚运会视觉形象系统建构的过程中，杭州亚运会艺术设计研究中心全力发挥中国美术学院高点学科与各专业的特色优势，凸显"美院智慧"，贡献"美院力量"，展现艺术设计"国家队"实力，服务于杭州亚运会的整体视觉形象。

弄清楚杭州亚运会视觉形象体系建设有多少内容、分属什么类别、按什么步骤实施、按什么标准进行质量控制，是陈卫强交给杭州亚运会艺术设计研究中心的第一个任务。登高望远，这项基础研究任务是杭州亚运会视觉形象体系建设的顶层设计，也开启了亚运美学文化建设的新局面。

如果说杭州亚运会艺术设计研究中心是本届亚运会视觉形象系统建设的"策源地"，那么杭州这座城市正是这些设计的"原动力"。

2020 年 4 月，刚刚履新杭州亚组委宣传部部长的许德清将外出调研的第一站选在杭州亚运会艺术设计研究中心，正是带着一份使命感和责任感而去。

"视觉形象和景观作为举办地文化的传播载体，给来自世界各地的观赛者带来一次视觉盛宴。" 在毕学锋看来，杭州具有独特的城市环境和气质，在不同季节也有不同的色彩体系。在这种情况下，怎样彰显亚运特质？这里面包含了对城市美学的研究，也包含了对生态环境、城市景观、产业特质以及亚运形象与城市协调发展的探索。

作为一座文化底蕴深厚的历史名城，杭州是中华文明的发源地之一，它那深厚的历史文化积淀、独特的自然风光是无数文人墨客心中的 "白月光"。现今的杭州还是 "全国数字经济第一城"，数字安防产业市场占有率全球排名第一，电商平台交易量和第三方支付能力全国排名第一，互联网人才净流入率全国排名第一……作为一座文化底蕴深厚的历史名城，一座经济发达、开放包容、个性活力的创新城市，杭州 "既充满浓郁的中华文化韵味，又拥有面向世界的宽广视野"。

杭州亚运会的会徽 "潮涌"，以红日、钱塘江潮水、互联网符号等元素，既表达了浙江精神，又契合了杭州的城市特色。杭州亚运会的 61 个体育图标，在设计上延续会徽的水系视觉内涵，体现 "曲水流觞" 的中国味，又推出亚运史上第一套动态体育图标，从而更好地展示设计的细节。杭州亚运会吉祥物 "江南忆"，以拟人手法塑造了三个智能机器人，是杭州三大世界文化遗产的美学表达……

"杭州是一座自然环境、湖光山色与人们的生活特别和谐的城市。" 毕学锋表示，相比其他城市，杭州拥有自己独特的、不同于其他城市的城市美学，"我们从这种城市美学中提炼出几个特征：一是带有深厚底蕴的历史人文，这是我们的根；二是浓郁而秀美的江南山水，这是我们的魂；三是不断探索创新的数字化的未来城市，这是我们的 '新'。"

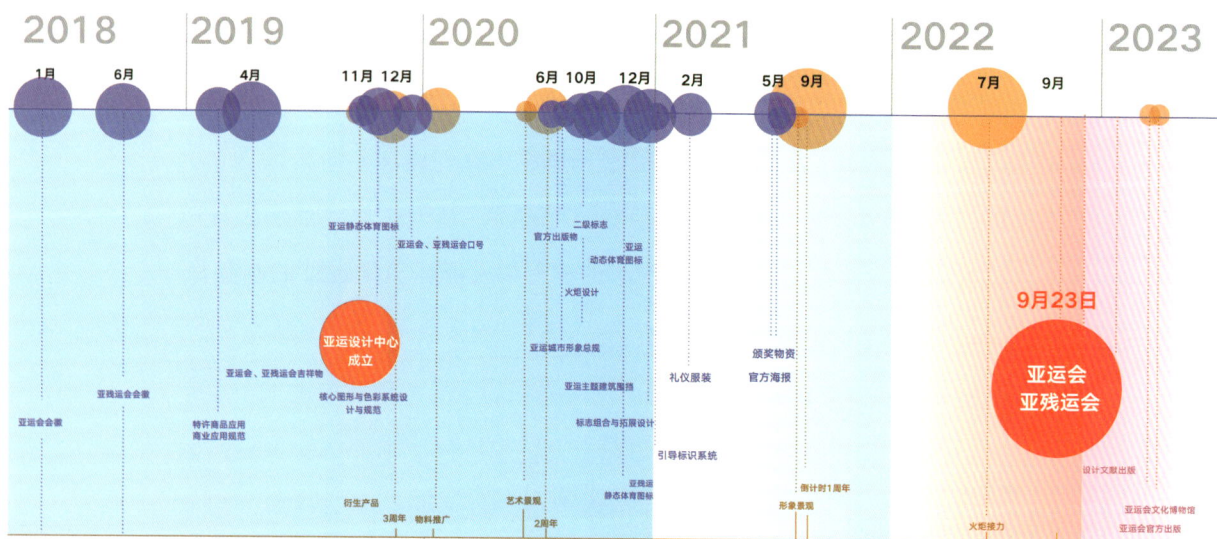

2018	2019	2020	2021	2022	2023

* 亚运视觉形象景观设计项目各节点为项目启动时间

形象元素开发/规范期　　　形象推广期　　　形象应用期　　　后亚运期

　　以上这些杭州亚运会的视觉形象元素中，有很多的"第一次"和创新，正是来自深植于杭州这座创意之城的"求新求变"基因，这才让本届亚运会的视觉形象系统与往届大型体育赛事相比，有了新的突破，为以后的赛事"打了样"，树立了新的标杆。

　　"求新求变"，"新"在哪里？"变"如何体现？"新"和"变"之间，有着怎样的内在逻辑？

　　以新育变。充分把握杭州新发展阶段智能经济发达的特质，抓住年轻一代的兴趣爱好和审美取向，将设计灵感的来源深植于新经济的土壤之中，因时而变，因势而变，而非刻意标新立异，为变而变。

　　以新引变。在此基础上，紧紧把握"中国新时代，杭州新亚运"的时代脉搏，围绕亚洲奥林匹克事业发展的新方向，引领国际大型体育赛事视觉形象设计的新潮流，充分体现杭州特色、符合当代审美、传递未来祈向，增强亚运形象本身的文化属性和大众认可度。

　　以新促变。大胆引入新技术、新材料、新手段，极大地丰富了亚运美学的呈现和应用手段。比如会徽"潮涌"渐变色色值、色号的选取，充分运用了新技术手段，而非传统的印刷、印染，视觉呈现效果极其细腻精准，适合新媒体时代在大屏幕上传播。又比如实体火炬的造型、选材和燃料选用，以及火炬传递中应对极端条件的创新设计等，无不体现"中国智造"的"硬核"实力。

　　在杭州亚运会艺术设计研究中心的运行以及亚运美学设计的画卷徐徐展开中，"新"与"变"的交响曲，开启了亚运会视觉形象体系建设前所未有的篇章，结出了令人惊叹的丰硕成果。

神来之笔："心心相融，@未来"

国际奥委会十分珍视自己的格言。东京奥运会前，面对疫情的严峻挑战，国际奥委会主席巴赫郑重宣布，奥林匹克格言，从我们耳熟能详的"更快、更高、更强"修改为"更快、更高、更强——更团结"（Faster, Higher, Stronger—Together），强调了人类社会在困难时期团结一致的必要性。奥林匹克格言的更改，让全球人民感受到"这是一个明确的信号，我们要特别关注团结"。

亚奥理事会同样有一句耳熟能详的格言："永远向前"（EVER ONWARD）。它最早是1954年菲律宾马尼拉第二届亚运会的主题口号。在此后亚运会的发展过程中，"永远向前"始终激励人类不断地超越自我，不仅仅表现为人类在赛场上不断提升自我的体育技能，更是要挖掘、

心心相融,@未来
Heart to Heart, @Future

开发人类全方位的潜能,在展现人体的速度之美和力量之美之外,达到超越人类身体之美和精神之美的境界。

一句成功的主题口号,胜过千言万语。

时间回到 2019 年,在紧锣密鼓地开展吉祥物方案深化修改的同时,杭州亚组委向世界发出了主题口号征集令,希望同样创造一句深入人心、久久流传的主题口号。

主题口号不同于其他的视觉标识,它要求以精练的文字、优美的韵律展现丰富内涵,具有打动人心的穿透力。

对照这样的标准,历届奥运会、亚运会的主题口号已经浩如烟海,推陈出新又谈何容易!

1978 年曼谷亚运会的主题口号是"不一样的国度,共同的精神",1990 年北京亚运会的主题口号是"团结、友谊、进步",1994 年广岛亚运会的主题口号是"亚洲人的融合",2018 年雅加达亚运会的主题口号是"亚洲的能力"……这些主题口号都和杭州亚运会主题口号中的"心心相融"达到了精神上的一致,都是在强调亚运会是一个促进友谊的平台,能够让各国运动员们结交新朋友,也能让参赛各国加深对彼此的文化和传统的了解,建立起心与心相融的深情厚谊。

好在,杭州亚运会主题口号问世之前,杭州亚组委已经形成了"让生命温暖生命,让力量激发力量"的愿景,这一极富人文气息的创意表达,在历届国际大型体育赛事的愿景中独树一帜，令人耳目一新。杭州亚组委始终包容开放的工作态度，也为广纳各方才智、集中创作攻坚创造了有利条件。

2019 年 9 月 10 日，杭州亚运会主题口号创作征集工作正式启动。很快，来自世界各地的参与者通过线上和线下的方式"发出自己的声音"，参与者达 26536 人次。应征作品中不乏精心创作的词句内容，但是总体而言，略显传统，缺少让人眼前一亮的佳作。

怎么办？

杭州亚组委问计于专家，一个个座谈研讨会相继召开。在反复翻阅应征作品时，一个特殊符号跃入大家的视野。

这是一份带着"@"符号的方案，尽管词句本身比较平淡，但这个符号实在抢眼。会前，评委们还曾打趣讨论过，杭州有什么代表性的元素，好比大熊猫之于成都。此刻，"@"就完美回答了这个问题，这不仅是形式之新，更是天作之合。

互联网符号"@"，是对杭州这座互联网之城气质的表达。杭州是互联网企业集群地和全国数字经济的先行者。早在 2003 年，杭州就确立了"硅谷天堂、高科技的天堂"的发展目标。现代"数字之城"和西湖、钱塘江一样，成为杭州的城市标识之一。2016 年，中国互联网协会发布全国 335 个城市的"互联网 +"社会服务指数排名，杭州位居榜首。"中国互联网企业 100 强榜单"也能体现出，杭州是全国互联网发展的高地。

"@"能不能写入杭州亚运会主题口号？这在当时引起过争论。有专家指出，这个符号的独特性毋庸置疑，内涵层次也很丰富，但特殊符号能否在国际大型体育赛事主题口号中出现呢？据我们所知似乎并无先例。

并无先例意味着敢为人先，但也意味着风险。特别是如何通过这个特殊符号的巧妙嵌入，增加主题口号的内涵丰富性，而非将内容与形式

0%　　34%　　62%　　85%　100%

	RGB / 175 45 185		RGB / 15 55 200
Lab / 45 63 -47		Lab / 30 34 -80
Web / #AF2DB9		Web / #0F37C8

色彩

口号加以与主会徽一脉相承的渐变色，
增加了亚运形象各元素之前的关联度和整体性。

心心相融，@未来
Heart to Heart, @Future

口号中文标准字体横版组合尺寸限定：
整体宽度≥45mm 区间

口号中文标准字体竖版组合尺寸限定：
整体高度≥43mm 区间

口号中、英文标准字体横版组合二尺寸限定：
整体宽度≥45mm 区间

口号英文标准字体横版组合尺寸限定：
整体宽度≥45mm 区间

口号英文标准字体竖版组合尺寸限定：
整体高度≥43mm 区间

口号中、英文标准字体横版组合一尺寸限定：
整体宽度≥90mm 区间

割裂，这是当时必须充分考虑的难题。最终，评委们决定"突破常规"，向杭州亚组委提交这个方案。难题又回到了杭州亚组委手上。

主题口号首先确定的是"@Future"，这寄托着杭州亚组委对年轻一代的呼唤，对推进亚洲奥林匹克事业的憧憬。随后，1988 年汉城奥运会主题歌曲《手拉手》（*Hand in Hand*）给了杭州亚组委领导灵感的火花。不同于手与手的相牵，面对百年未有之大变局，杭州亚运会更应呼唤心与心的相融，于是"心心相融"（Heart to Heart）应势而生。

"Heart to Heart，@Future！"

主题口号已经呼之欲出。但是这个前所未有的"@"应该如何发音才能更响亮、更有意蕴，顿时难住了大家。

带着上级领导的嘱托，陈卫强陷入了沉思。经过一番思考，陈卫强第一次提出，可以将"@"读作"爱达"。妙语一出，顿惊四座，众人无不拍手叫绝。

难题随之迎刃而解："心心相融，爱达未来"。自此，杭州亚运会有了一句史无前例、不同凡响的主题口号。

2019 年 12 月 15 日，在庆祝杭州亚运会倒计时 1000 天的活动上，现场数千名观众在亚运宣传大使唐家三少、罗雪娟的带领下，高呼"心心相融，爱达未来"。这一全新的亚运美学成果瞬间通过现场和互联网传向全世界，赢得一致叫好的盛誉。

时任亚奥理事会主席的艾哈迈德亲王对杭州亚运会的主题口号给予了高度的评价，他在给杭州亚运会倒计时 1000 天主题活动发来的贺信和主题口号允准信中表示："它非常具有未来感。我相信，所有人都会喜欢这个口号，它定义了杭州亚运会的精神。"

"在主题口号中，'@'被读作'爱达'，这是一个用心用情的创意。强调了人与人、国与国、当下与未来的连接。大家拥有共同的理念和共同的美好向往，兼具友爱和通达。"在主题口号的视觉设计者毕学锋看来，"不论是在家庭、职场、课堂还是国际事务中，我们都需要相互尊重、同心同行，才能实现彼此之间的相互理解。而只要相互理解，就没有解决不了的问题。"

"它最大的亮点是互联网符号'@'，它既代表了万物互联，也契合了杭州互联网之城的特征。我们把这句口号念作'心心相融，爱达未来'。"作为主题口号的"点睛之人"，陈卫强说，杭州亚运会的主题口号，意在表达各国家和地区人民在亚运会大舞台上的用心交融、互相包容，体现亚奥理事会大家庭团结向上、紧密相拥的理想，同时与"更快、更高、更强——更团结"的奥林匹克格言相契合，也寄托着面向未来、共建亚洲和人类命运共同体的良好愿望。

杭州亚运会主题口号，不仅体现了亚洲团结、进取、奋进的精神，更传达了在杭州这座美学之城、未来之城，各国家和地区人民在这里进行心灵交流，互相包容，迎接挑战，拥抱未来的美好愿景，是对亚运精神的锤炼和凝铸，也赋予了亚运会熠熠生辉的人文内涵和审美价值。

在体育事业发展的过程中，中国由"旁观者"到"参与者"身份的转换，表明我国在将体育作为振奋民族精神、增强民族凝聚力的载体的同时，还在以大国的思维和风范，承担和履行更多的责任和担当，推动世界体育产业面向未来。

2022 年，北京冬奥会和冬残奥会主题口号"一起向未来"（Together for a Shared Future）发布，正与杭州亚运会"心心相融，@ 未来"（Heart to Heart，@Future）一脉相承，相映生辉，饱含了人类对美好明天的憧憬与期许。

"薪火"相传: "中国智造"与数字火炬

作为奥林匹克圣火的载体，火炬距今已有 2700 多年历史。每届奥运会和亚运会上，都会诞生一支兼具艺术价值与文化内涵的新火炬。

不断推陈出新的体育赛事火炬设计，承载着浓郁的地域特征和丰富的人文色彩，并逐渐形成一条鲜明的设计原则：火炬要既能反映体育赛事主题，也能展示东道主形象。比如，1954 年菲律宾马尼拉亚运会的竹筒火炬，象征着东方文明的智慧和创造力；2008 年北京奥运会火炬"祥云"极富东方神韵，漆红配色和纸卷轴造型凝聚了千年中华文明的符号；2022 年北京冬奥会主火炬"飞扬"，以一片树叶为外观设计的灵感来源，传递了"道法自然、天人合一"等中国哲学理念。

2021 年 9 月 10 日，在杭州亚运会倒计时一周年活动上，杭州亚运会火炬"薪火"正式发布，开启了人们的追光之旅。

"薪火"的设计思想源自实证中华五千年文明史的良渚文化，以庄重大气、意蕴深远的造型，通过火炬手们的手手相传，向世界展现中国设计的独特创意、中国制造的"硬核"力量。火炬的四面八槽聚合至顶部中心的"@"形象，以生命之河的形式象征各国家和地区运动员汇聚杭州共襄盛事，呼应了本届亚运会"心心相融，@未来"的主题口号；炬身纹样以中国结穗尾结束，以东方元素展现了亚运大舞台上的团结共融，也寄托着面向未来，共建人类命运共同体的良好愿望。

杭州亚运会火炬的诞生，经历了一个漫长的修正、打磨的过程。陈卫强明确提出火炬必须具有杭州的辨识度，并要求在初始方案中加上玉琮造型，寓意中华文明生生不息，薪火相传。后来亚残运会的火炬也出现了玉琮形象造型。中国美术学院工业设计研究院院长王昀教授，担任亚运会火炬的设计指导。他表示设计团队在设计过程中一直在探索"当代中国式设计美学"，即如何将中国传统文化符号与当代艺术融会贯通，并结合亚运会这样的国际大型体育赛事呈现出杭州特质。

"薪火"通体覆以双色，顶部是饱和度较低的金色——"丹桂金"，下端过渡为杭州亚运会色彩系统的主形象色"虹韵紫"。

在近百种方案中，为什么最终会挑选出这两种颜色？浙江省、杭州市和杭州亚组委领导有着独到的眼光。

这种独具慧眼、直指主题的审美品位，给了设计师最好的指导。"最能体现杭州特点的关键词是'雅'，是雅致、雅心，是雅的风骨、雅的姿态。"王昀说。杭州的雅是一种"静气"，不喧嚣、不浓烈，是微波涟漪，是清秀宁静，所以这两个渐变颜色的结合更能体现出杭州温润雅致的城市气质。

杭州第 19 届亚运会
火炬形象设计

Torch Design for the 19th Asian Games Hangzhou

19th Asian Games
Hangzhou 2022

采火器
Lighter
Stand

采火棒
Lighter
Torch

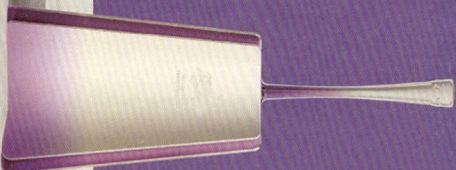

火种灯
Lantern

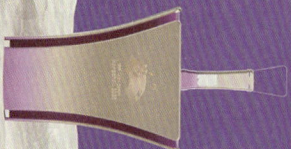

火炬
Torch

圣火盆
Cauldron

火炬包装盒
Torch
Packing
Box

火种盒
Flame
Storage
Box

杭州城市的"雅",还体现在火炬造型的外柔内刚上,看上去不张扬,实则蕴含着大力量。"薪火"的造型自下而上"生长",整体高 730 毫米,净重 1200 克。和历届国际大型体育赛事的火炬相比,杭州亚运会的火炬,在设计上可谓独树一帜。

杭州亚运会火炬造型方圆相融,上方下圆,其中"方形桶身"的设计,在亚运会上是首次采用。"薪火"的炬冠呈方形,采用了良渚文化中玉琮的造型。炬冠与炬身的连接处,巧妙地设置了隐藏式进风口,最大化地保持火炬外观的完整性。火炬顶部出火口的形状,源自"琮"字最早的甲骨文字形,呈十字交叉状,寓意"光在内周而复始"。火炬顶部的四个分区均设有密簇网片、环缝出火盖和中心拱形稳焰片,在提高燃烧稳定性的同时,也提高了火炬的"颜值"。

"我们认为,火炬的设计,其实是一种礼器设计。站在礼器设计的角度,毫无疑问,'实证中华五千年文明史'的良渚文化,是各级领导公认、社会各界普遍接受的首选,也是此次火炬设计理念的来源。"在许德清看来,良渚文化中最具代表性的玉琮,是早期华夏礼乐文化传至

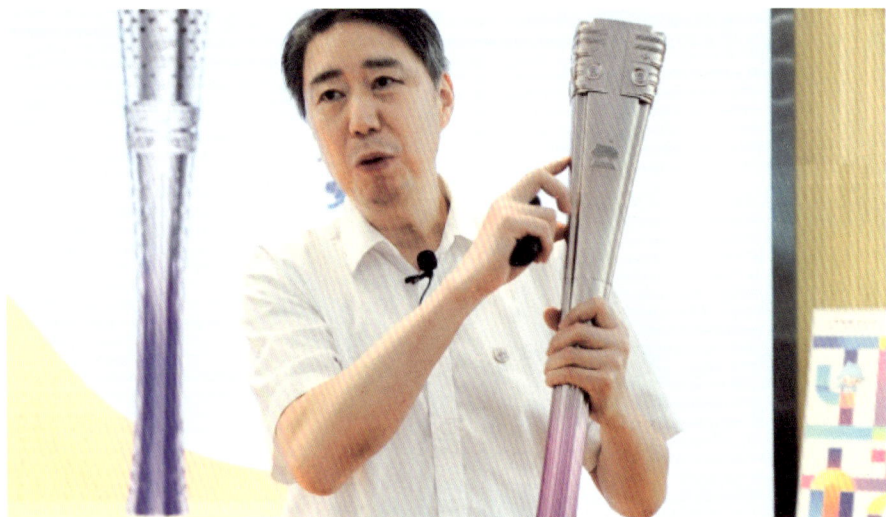

各地的主要信物，以器物承载礼仪的方式，与亚运火炬所承载的礼器属性及杭州互联开放的城市属性不谋而合。

　　体育赛事中的火炬设计艺术创作，折射出一个地区、一个时代的文化特征。杭州亚运会火炬"薪火"以玉琮为表征，整体轮廓曲线犹如手握薪柴，寓意中华文明薪火相传；同时，在动静之中，由内而外迸发出运动拼搏的精神和璀璨的亚运光芒。"薪火"既是对中华文化的致敬和传承，也向世界展示了真实、立体、全面的古代中国、现代中国和未来中国的缩影。

　　"薪火"除了在外部造型上充分展示了良渚文化，在内部设计中也充分体现了"中国智造"的魅力。

　　作为工业设计的"产品"，现代火炬的设计不仅要考虑实际使用时的安全性，而且要考虑火炬在不同环境下呈现出来的效果。除了能防风防雨，能通过大风、暴雨等极端气候条件的测试，还要确保在手持奔跑的传递姿态下，火炬能熊熊燃烧，产生明亮的、形状饱满的火焰。

　　"远观、近观，室内、室外，正午、黄昏，不同天气、不同时间下，火炬的呈现都会有差别。"设计师表示，为了达到最理想的效果，设计团队做了无数次测试。几乎每做一次修改，设计团队都会请不同性别、不同体型、不同年龄的人拿着火炬"跑一跑"。

杭州亚运会火炬的成型历经概念结构设计、工艺制作、材料筹备、生产、运输、风力雨量测试等多个步骤，从颜色、纹样到材质每一个细节都几经推敲，经过反复论证优化，先后突破多个技术瓶颈，火炬的设计样稿和样品布满了整整一面墙。

"薪火"以天然圣火与智能技术为"双核"支撑，在历届国际大型体育赛事的火炬设计中独树一帜。比如，相比传统火炬，"薪火"将炬冠上用于氧气输入的小孔，从侧面移到了顶部，巧妙地"隐身"于"神人兽面纹"中，这也使得"薪火"显得更为浑然天成。

杭州亚运会火炬，实现了对制作工艺、材料及智能技术的创新。火炬方圆相融的造型，使得对火炬制作的精密度要求更高，不仅要求材质要足够薄、足够轻、耐高温，而且造型要满足结构力学的要求。最后，设计团队采用了1070铝合金旋压成型工艺，火炬表面又先后经历了激光精雕和阳极氧化两道工艺。这样的火炬不仅轻巧，而且可以重复使用。火炬握把的材料，也采用了一种生物质复合材料，环保轻盈，便于手持。

现代火炬的设计、材质以及燃料，在兼顾美学与实用的平衡中，将绿色环保的概念也逐渐渗透其中。早期的火炬主要是以金属镁作为燃料，后来也会采用液化石油气、汽油、酒精和丙烯等材料，近代国际大型体育赛事的火炬燃料通常采用丙烷。2020年东京奥运会和2022年北京冬奥会的火炬燃料，都采用了氢气。杭州亚运会的火炬燃料，采用生物质燃气，清洁、安全、可靠，是奥林匹克精神与"绿色""环保"进一步结合的创新举措。

此外，杭州亚运会火炬所用的原材料信息都通过区块链技术数字上链，皆可溯源。众所周知，区块链可进行材料的溯源、加密，并且数据是不可篡改的。火炬数字上链，保证了每一把火炬的真实性、唯一性。

在杭州亚运会"火炬家族"中，还有另一位成员——"桂冠"。"桂冠"是杭州亚残运会的火炬。"桂冠"通体月桂黄与虹韵紫交相辉映，整体高756毫米，净重1160克，与"薪火"相互呼应。

"桂冠"的设计思想源自良渚玉琮和杭州"市花"——桂花。"桂冠"尊良渚玉琮为其文化本源。玉琮"纹以载道，以器传礼"的特性，与传递文明和亚运体育精神的火炬不谋而合。秋季，杭州整座城市都弥漫着淡淡的桂花香气。芳香四溢的桂花，寓意杭州亚残运会阳光、和谐、自强、共享的办赛理念。

"玉琮是整个设计思路的起点。"中国美术学院工业设计系主任章俊杰说。"桂冠"的中心位置是良渚玉琮的浮雕，当火炬的流线型线条穿过良渚玉琮的核心节点时，亚残运会的理念传播和中华文化的传承也随之联通。

"桂冠"提炼"琮"为核心语义，显现承上启下的态势：向上共生，点滴星光进涌金桂华浪，铸就炬冠；向下延伸，绵长文脉散发智慧之光，汇成炬基。章俊杰表示，"桂冠"的整体设计理念，核心就是要表达科技与人文的结合。无论是向上生长的桂花的花冠，还是向下绵延的科技感曲线，都能让人看向未来。

为了保证亚残运会火炬传递的易用性和可行性，"桂冠"顶部采用的是双层镂空金属的出火口设计，保证轻量化与安全性，维系火焰燃烧时的强健及稳定性。设计系统经过多轮实测与优化，

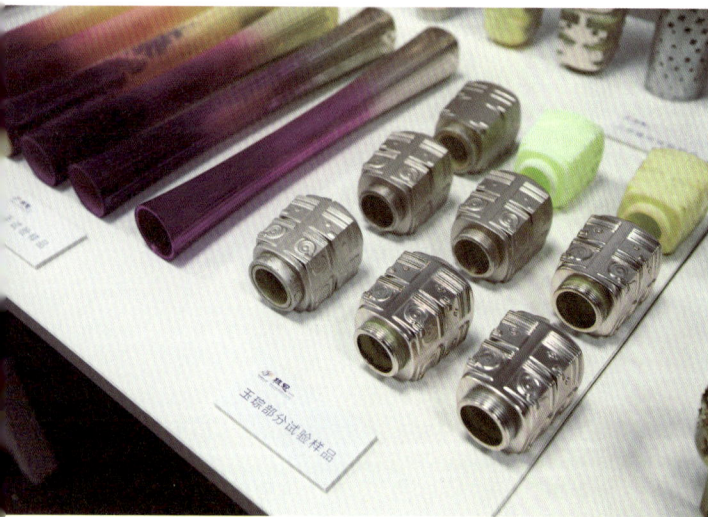

整合解决了形式工艺、材料结构、制造运输等问题。此外，"桂冠"底部刻有盲文。设计团队还研究了火炬手持握的人机工学要素，为驾轮椅运动员设计了专用火炬支架，彰显了人文与科技双重融合的理念。

先从上百个设计方案中筛选，后经二十几轮的反复打磨，最终呈现的杭州亚残运会"桂冠"火炬，独特别致，意蕴深远，具有非常高的辨识度。良渚玉琮和杭州"市花"的组合，体现了这支火炬的唯一性、独特性，既折射了中华文明的深厚底蕴，又富有现代城市的时代气息，兼具庄重与活泼，不仅展现了精雕细琢的艺术美感，还将文化传承与体育精神融入其中，链接了千年文明与现代文化。

2023年6月15日，在杭州亚运会倒计时100天之际，"薪火家族"第一次燃起火种。

初夏的良渚古城遗址，流水潺潺，鹿鸣呦呦。在大自然谱写的原生态交响乐中，19名身着白色服饰的采火使者，缓步登上台阶，在良渚古城遗址公园大莫角山点燃了光明而神圣的体育圣火。

采火装置的中心是一面凹面镜，外圈采用良渚玉璧造型，火种盒放置台呈玉琮造型。玉璧和玉琮都是五千年良渚文明的重要代表性玉礼器，璧象征着太阳的光芒，琮象征着神权。将玉璧和玉琮的元素纳入采火装置，蕴含着杭州亚运会的火种连接过去与未来的美好理念。

这是亚运火种第三次在中华大地上燃起。如何让更多关心亚运的人参与火炬传递？杭州亚组委依托"智能亚运一站通"向全球首创性推出"亚运数字火炬手"，邀请全球网民"争当亚运数字火炬手"，将现实世界的亚运火炬手拓展至数字世界，让更多人能够突破时间、空间限制，直接参与亚运会这一盛大的体育文化活动，这才有了开幕式上，1亿多位数字火炬手共同点燃亚运圣火的动人一幕。

在杭州亚运会倒计时100天时，伴随着亚运火种在良渚古城遗址公园大莫角山成功采集，首个全亚洲共同参与的线上火炬传递活动"薪火

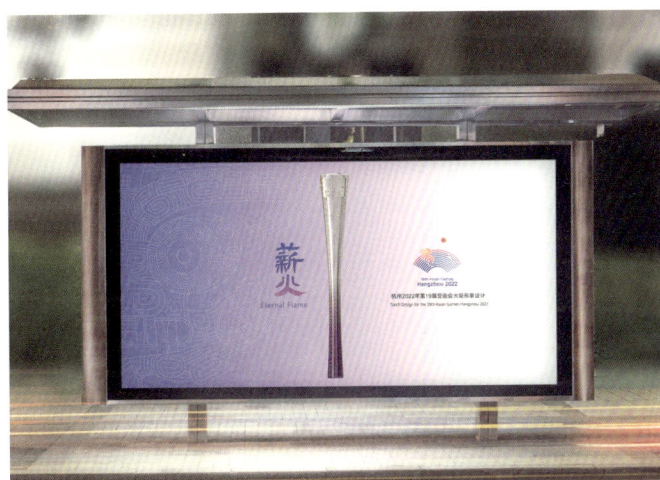

相传"也同步启动。3个月内，共有来自全球130多个国家和地区的网民，参与线上火炬传递。其中年龄最大的98岁，年龄最小的12岁，20岁至39岁的中青年人群占64%。这也是亚运历史上第一次实现数实联合点燃火炬。

　　作为开幕式的核心创意，本届亚运会改变了原有单个火炬手点燃主火炬的方式，用万众参与、数字互联的形式让更多人参与其中。有了"新""变"力量的加持，杭州亚运会开闭幕式总导演沙晓岚自信满满："如果有更多的人参与点火，这种点火方式就是颠覆性的，是世界首创的，叫'万众参与，数字互联'。"

第五章

润泽

— 温润万方的核心图形

润泽 Meeting the World

温润万方，泽被天下。

丝绸，是东方意象的代表，是杭州极具代表性的人文历史和本土文化元素。作为源远流长的丝绸生产发祥地之一，杭州既有"机杼胜复"的丝绸织造技术，又有"丝绵布帛之饶，覆衣天下"的丝绸海内外贸易。从陆上丝绸之路，到海上丝绸之路，从丝绸之源到丝绸之府，丝绸，是杭州文化的物化代表，彰显着杭州特色的历史文化底蕴。

杭州亚运会核心图形——"润泽"，其灵感源于丝绸。"温润细腻"为"润"，"挥洒灵动"为"泽"，其命名深切契合了杭州特质。

一条"丝绸"，勾勒杭州山水城市的人文特质，串起海上丝绸之路风云千樯、商旅不绝的万千气象，更以无尽绵延的应用特性，给体育场馆、城市街巷大面积持续使用核心图形营造浓郁亚运氛围奠定了坚实的基础。

这，就是中华文化感染力的绝佳注解。

奔向高峰的核心图形设计

———————

　　核心图形，又叫核心辅助图形，是国际大赛视觉形象系统中不可或缺的部分，反映并强化主办国和主办城市的理念、文化特征、价值观念，以让外界产生清晰和广泛的认同感。核心图形设计注重造型、色彩、风格等方面，是一种以形象和色彩来直观地传播信息与交流思想的视觉语言。与文字相比，核心图形突破了跨领域、跨种族语言和文化的界限，实现了无障碍传播，更能满足人们的审美需求。

　　在现代大型体育赛事中，核心图形和会徽标志被认为是视觉形象系统的两个核心要素，在注重创意构思和表现形式的同时，也在不断地加深其精神内涵和文化价值。

1998 年长野冬奥会后，辅助图形被列为奥运会景观系统的规定元素。2004 年雅典奥运会的辅助图形由美丽的图案和自然的色彩共同形成的美妙的"文化奥运"景观。至此，体育赛事上的辅助图形被国际奥委会正式更名为"核心图形"。从辅助图形到核心图形的转变，体现了其在国际大型体育赛事视觉形象系统中的重要性进一步提升。

随着亚运赛事筹办工作的日渐深入，场馆和城市侧需要大体量、浸润式的亚运元素铺陈，以全面提升氛围。此外，会徽、吉祥物等单个视觉形象设计在大场景下的使用，也需要相应的背景和配色作支撑。开发一套符合杭州亚运会实际的核心图形以及相应的色彩系统，已成为杭州亚运会筹办的重要任务，也被提上杭州亚组委的议事日程。

接过这一任务，杭州亚组委宣传部和杭州亚运会艺术设计研究中心都感到肩上的担子沉甸甸的。

在许德清看来，杭州亚运会核心图形是亚运视觉形象体系的基础性、辅助性元素，其设计融竞技体育精神、中国文化元素、杭州城市特质、国际化审美风格于一体，根植于杭州的历史人文、自然生态和创新基因，必须以亚运美学文化为指引。

宋建明认为，杭州亚运会核心图形既要与会徽、吉祥物、主题口号、体育图标等视觉标志相互呼应，起到辅助型传播作用，又要全面考虑设计的和谐统一性及其应用延展性，以创造性的理念与独特的视角提炼、描述、升华、塑造杭州亚运会的整体氛围和美学基调。

不为人知的是，杭州亚运会核心图形的设计师，前后一共换了三个。

第一任设计师基于应用上和创新上的考虑，设计出了类"跑道"主题核心图形，以向上的、放射性的体育跑道的表现形式，直观地切题这一届体育盛会的召开，激励运动员们在赛场上发扬拼搏、向上的精神，赛出好成绩。同时，类"跑道"主题核心图形，还寓意着杭州是一座数字之城，是互联网流量的聚集地，在数字经济的浪潮中跑步向前。

　　杭州亚组委在拿到这版设计稿后，经过评审、分析认为，这一稿的设计有一定新意，却又让人觉得似曾相识，并且"跑道"主题的图形，在以往的商业杂志中太过于频繁出现，可能会产生视觉上的混淆。更为重要的是，这个图形没有体现出杭州亚运会的特色以及杭州这座城市的地域文化，对大众来说，可识别性不高。

　　第一版方案，很快被否决了。

　　第二任设计师动作很快，设计出了类"同心圆"主题的核心图形，意在表达亚洲45个国家和地区团结在一起，携手共进，同"绘"亚运盛会。

　　在提交评审后，许德清认为，这样的设计过于简单了，"同心圆"的寓意虽好，但是体现不出中国特色、杭州元素。毕竟，如果将这样的设计放在其他城市，甚至放在亚洲其他国家和地区，都是适用的。没有个性的设计，就缺少了灵魂。

　　设计师很快进行了一轮修改，在前期"同心圆"的设计主题上，又添加了六和塔、断桥等元素，分别代表杭州的钱塘江文化和西湖文化，凸显这座江南城市的"桥塔文化"美学。但是，设计师将整体方案提交杭州亚组委后，评审们认为，这一版方案欠缺了点创意，联想性不够。

　　第二版方案，也被否决了。

　　究竟什么样的核心图形，才是"最杭州"的？

　　究竟什么样的核心图形，能够让人乍一看就觉得惊艳？

　　究竟什么样的核心图形，不需要过多的言语解释，就能让人联想到诗性的江南文化，联想到风雅、明艳的杭州？

　　……

　　作为杭州亚运会的"面子"，核心图形将在城市端、赛场端、产品端等端口的电视转播、庆典仪式、文化活动、城市景观、交通工具、制服、门票、特许商品等各个领域进行广泛应用。尤其涉及在城市的大型广场、大型体育比赛场馆侧等的应用，必然要求核心图形的设计需大气且一体化，给人以视觉上的强烈冲击力。

在不断找感觉，不断修改又不断否定中，杭州亚运会的核心图形设计陷入了停滞状态。

现在，轮到第三任设计师上场了。

而这个时候，距离核心图形设计初稿成型的时间，已经过去了整整半年多。

中国美术学院设计艺术学院副院长、博士生导师成朝晖教授，用了两天半的时间，不眠不休，用水彩一遍遍地在稿子上刷色，在电脑上构图设计，给出了多个概念方案，作为初稿，交给杭州亚组委讨论。

第一个方案是《富春山居图》。《富春山居图》是元代画家黄公望创作的水墨画，是中国山水画的旷世之作。黄公望以疏密得当的用笔，浓淡干湿的墨色，描绘出富春江山水的丰富变化。其前半卷《剩山图》，现正收藏于浙江省博物馆内。

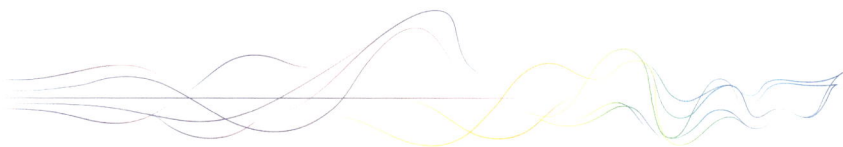

人们提到《富春山居图》，必然会联想到富春山水，必然会联想到杭州，而这恰恰就是杭州亚运会核心图形想要的效果。

第二个方案，是一条展开的丝带。

寻寻觅觅间，这个设计让枯坐在杭州亚组委 1019 会议室里将近一整天的与会人员全都眼前一亮。

　　杭州素有"丝绸之府"的美誉。早在五千年前的良渚时期，杭州就有丝织物的存在。南宋时期，清河坊里鳞次栉比的绸庄更见证了杭州丝绸经济的繁荣。杭州所产的丝绸，质轻、柔软、色泽艳丽、工艺精湛，是杭州城市形象的代表之一。

　　方案上报后，陈卫强一锤定音：就用丝绸。

　　于是，杭州亚组委官方建议将两个方案结合，进行深化。

　　一盏清水，数支颜料，调和成深深浅浅的颜色，顺着纸张，用笔刷边缘渐渐晕染开来，看起来不经意的几笔，跳到纸面上，却仿佛湖水荡起了涟漪。

　　水彩的表现，更符合杭州城市丹青彩墨的感觉，也符合水意杭州的概念。

　　设计师的心中已然知晓要画什么了，只是纸面上还没有表达出来想要的效果。毕竟，水彩是一种在纸张上变化性很强的颜料，即使天天画，也不一定能达到想要的效果。

　　记不清多少个白天黑夜，设计团队就这样待在工作室里，埋头画了又画，水彩纸画满整整一本后，就换一本新的，继续画。

终于，水彩的表达，或水意，或层叠，丰富的视觉肌理与透明酣畅、淋漓清新的质感，跃然于纸张上，核心图形自然和谐的灵动之美，表现出中国传统文化艺术的神韵。

成朝晖说："核心图形作为承载亚运精神和文化基因的视觉形象，是亚运体育与杭州的自然、人文、生态、科技、艺术与美学的展现与传播，以及人类对美好未来的共同愿望的体现，这也正是核心图形的至高境界。"

核心图形的这项设计是极具挑战性的，毕竟前面有过很多次的推翻和重建，设计师在创作过程中更需要反复推敲。

核心图形中的水彩元素，光创意构思就用了两周时间。为了提炼出想要的水彩笔触，设计团队用干画法、湿画法、水意控制法等方法进行反复尝试，直到画满了整整一本水彩纸，才提炼出来作为核心图形中的局部。

最终呈现的杭州亚运会核心图形，实际上是一个手绘勾勒加电脑设计的复合图形。蓝色区域里的晕染部分，极具江南的写意笔法，与电脑所设计的图形巧妙合二为一。

此时，又一个难题摆在了大家面前：该怎么给这个核心图形命名呢？

群策群力下，很多名字被提出、被否定。一直坚定推动核心图形创意设计的许德清深思熟虑后，建议用"润泽"二字来命名。这个提议很快得到杭州亚组委领导的一致认可。

根据杭州亚组委的官方解读，杭州亚运会的核心图形"润泽"，灵感源于杭州本土文化元素——丝绸。核心图形的设计通过融传统、现代于一体的艺术手法，以动静结合的态势，展现了丝绸飘逸舒展、温润细腻、挥洒灵动的特性，体现了"温润万方、泽被天下"的气韵与胸襟，寓意亚奥理事会大家庭在杭州欢聚，亚洲多彩体育文化通过杭州亚运会的舞台交流互鉴。"润泽"之名展现独特气质，体现江南温润文化、烟雨文化，而从古至今，丝绸就是中国沟通世界的介质，体现出深厚的中华文化韵味。

公众对杭州亚运会的核心图形也有一番精彩的点评："润泽"之名给人很温暖的感觉，就像一块握在手心的美玉，有种温润直抵心底。 如果说《富春山居图》和丝绸的融合是对杭州本土文化的诠释；那么"润泽"二字，就是最适合杭州城市特质的表达。

杭州亚组委外联部副部长徐剑锋受命翻译"润泽"的英译名，他直取初心，巧妙地将其意译为"Meeting the World"。杭州亚运会是杭州和世界的重新遇见，也是一次链接美好的过程。

2020 年 10 月 21 日，杭州亚运会核心图形"润泽"发布。

"润泽"形如一条舒展飘逸的绸带，徐徐铺展出一卷富有江南韵味和东方诗意的"新富春山居图"，串起了杭州的山水人文以及万千气象，结合"淡妆浓抹"的杭州亚运会色彩系统，态势由静至动，挥洒灵动。核心图形中交错呈现的山水彩墨、智能网云等元素，给人以绵延的视觉美感和无穷的想象空间。

杭州亚运会核心图形的设计与应用，以文化指引设计，以设计满足体育功能，堪称从形象景观设计向亚运美学文化升华的一次成功实践。

许德清始终认为，要将"润泽"作为杭州东方诗意的亚运灵魂，以其恢宏融汇的文化内涵和独特的视角，将"意象 、意境 、境界"之美，与"心心相融,@未来"的亚运主题口号所阐释的内涵串联起来,实现对"从文到图"的东方诗意的诠释，营造出符合杭州表情的亚运美学场景。

杭州亚运会核心图形"润泽"的灵感来源，是"意象之象"。

杭州亚运会核心图形的"意象之象"，包含了两个既相互联系而又性质不同的"象"：一是具体的物象，指通向无限艺术内涵的媒介载体；二是内涵之创生，是具体物象的背后意味无穷的深远韵味与境界。

设计师最初起草"润泽"初稿的时候是从五根线条出发的。

一条是从江南文明出发的丝韵之线，演绎东方人文；一条是从杭州山水意象出发的自然之线，彰显水意灵韵；一条是从杭州作为生活品质之城出发的生态之线，诠释舒适生活；一条是从万物互联的智慧未来出发的科技之线，建构智慧网云；一条是从勇立潮头的拼搏精神出发的运动之线，展现亚运力量。

在几何学里，线是位置，是长度，是点移动的轨迹，是面的边缘和面与面的交界，是简单、直观的表达，但是在造型语言中，线条被赋予了强烈的性格，线条艺术，能表现出行云流水、丰富变化的美，蕴含充沛的情感。

杭州亚运会核心图形"润泽"的五根线条，勾勒出丝带飞扬的动态，交织形成面，叠合表达自然与人文交汇之意。五根线条，以五感融通，流畅且富有韵律、意蕴，在水意彩墨与点、线、面的组合变化中，化作一卷"新富春山居图"，借山水云丝意象，传递出富有东方诗意的杭州亚运美学。

杭州亚运会核心图形"润泽"的创意表现，是"意境之玄"。

中国古代的"幽玄"之美，是一种"境生象外""意在言外"的超然而朦胧的美，追求以"神似"的精约，达到幽雅、含蓄、空灵、深远之美。

杭州亚运会核心图形的创意表现，既体现在西湖灵秀、运河绵长、钱江澎湃的丹青彩墨上，也体现在江南文化、智云互联，链接过去和启创未来的共存，还体现在丝语雅韵、淡妆浓抹所表达的五感融通的东方诗意。

"润泽"是一幅水彩晕染的静逸山水画，整个核心图形，从左到右，高低起伏，由收至放，体现杭州丰富层次的"水意"：左侧的平缓部分，是柔美的西湖之水；中间张力最大的地方，代表了澎湃的钱塘之水；右侧则是绵长的运河之水。西湖的氤氲、钱江的激荡、运河的绵延，在有形与无形之间，书写了杭州的自然形胜。水彩的运用，层叠的水意，给人以丰富的视觉肌理与淋漓清新的质感，渲染出自然和谐的灵动之美，体现中国传统文化艺术的神韵。

"润泽"的红，是五千年人类文明的火种；"润泽"的"余白"，则是有机而柔韧的智能网云的虚拟链接。杭州这座古今交融的城市，有着多元开放的美学意象，也有着符合时代发展的语境。

"润泽"的线条是动态的，富有韵律感，代表了丝绸的飘逸柔美，也体现了水光蓝、虹韵紫、映日红、月桂黄、湖山绿和水墨白六种主题色彩的浑然天成。灵动之感，加上色彩意象，诠释出杭州亚运美学的人文与运动精神，烘托了杭州这座城市的艺术神韵、体育活力和盛典气氛。

杭州亚运会核心图形"润泽"的视觉表达，是"境界之合"。

《周易》的"阴阳五行说"中的"和合"美学观念，是独具中华民族特色的审美，是中国传统文化强调的天人合一，肯定人与自然的和谐统一，也是中国传统文化形成与发展过程中的兼收并蓄，鼓励各种文化的相互交流与相互融合。

杭州亚运会核心图形"润泽"营造的是，通过物象的启示或联想达到真正意义上的"造境"。

山水，是最具杭州特色的人文画卷；网云，象征杭州智慧城市的面貌；丝绸，绵延流长，寓意连接世界、携手并进。

这样一卷由意象的丝绸、网云、山水等元素幻化的，富有东方诗意的"新富春山居图"，犹如一条源于遥远过去又奔向未来的河流，是几千年来人类繁衍生息、创造文明的生命长河。

从"幽"到"放"的丝绸彩带，掠过如水的风，轻舞飞扬，温柔拂面，滋润万方。

杭州自古以来有"人间天堂""丝绸之府"之美誉，也是海上丝绸之路的重镇。杭州亚运会核心图形"润泽"，浸润着杭州几千年的绵长历史文脉与深厚文化，透射出东方文明深厚的文化底蕴和简约内秀的东方之美，将洋溢着活力拼搏的亚运美学精神，通过清澈柔美的线条叠合呈现出来。

在杭州亚运会核心图形"润泽"的设计过程中，宋建明提出了一条建议："让色彩能够唱歌。"

为此，"润泽"特别设计了点彩效果，让无数像素点在视觉中融合，展现跳脱的色彩和炽热的情感。这也是亚运会历史上第一次融入点彩，这一特殊的表现形式。

点彩的新颖之处在于，颜色可以进行叠加。尤其在环境空间的设计运用中，从不同角度观看，根据圆点的大小，色彩会呈现叠合效果，从而产生"新的生命力"，契合了杭州互联网之都的城市定位。如果细细观察，还可以看出核心图形"润泽"中间第二块网云形式的圆点，其实是一份杭州网络分布意象图。

至此，在亚运美学文化的指导下，"润泽"典雅设计、深度诠释、完美应用，如一卷清丽的山水画，如一首起伏的江南曲，如一场绵密的杏花雨，它走出书斋，走进场馆，走向城市的每个角落，落入每个人的心里。

在各个亚运宣讲的场合，许德清总是娓娓道来：杭州亚运会核心图形"润泽"，是东方诗意"从文到图"，形、意、神合一的经典诠释，也是对富有魅力的东方文化美学特色的全景呈现，恰到好处地表达了中国文化"天人合一，人地相协，自然为道，亲和山水"的宇宙自然观，以及以创新精神建构具有独特江南人文气息的杭州气质，同时还为孕育着激情的亚运会的阐述和传播提供了有力注脚。

"润泽"是诗性的江南文化。同厚重的北方文化相比，江南文化是天然婉约的，居住在这座城市里的人，来到这座城市的人，都喜欢用诗性的语言来描述这座城市，表达情感，传递美感。

　　"润泽"是温润的江南文化。如果说北京养成的是大气磅礴的皇城文化，那么江南烟雨滋养的就是小家碧玉似充满温情的文化，在整个亚运美学文化体系中，从会徽，到核心图形、色彩系统，再到奖牌等命名，都体现了这一原则，普通却温暖。

　　"润泽"是创意的江南文化。杭州，这座马可波罗眼中"世界上最美丽华贵之天城"，从一开始的 200 多万人口，到现在的千万级人口，大量人才涌入，看中的是杭州的创意基因。阿里巴巴之所以会诞生在杭州，也是因为杭州这座城市有创意的基因，这是杭州独有的城市智慧。

"淡妆浓抹"的色彩系统

————

　　杭州亚运会色彩系统"淡妆浓抹"，于 2020 年 10 月 21 日与核心图形"润泽"同场发布。

　　发布仪式上，一组身着亚运主题色系绢衣的舞者登场，伴着古典韵味的配乐翩然起舞，曼妙的身姿变换出各种动作造型。每当一位舞者的动作定格的瞬间，一幅色彩与舞者绢衣颜色相对应的巨大丝绸幕布霎时从天而降，虹韵紫、映日红、水墨白、月桂黄、水光蓝、湖山绿六种色彩，将舞台华彩点亮。

　　一位现场观众表示，感觉一下子被大量的美的色彩，从上到下地包裹住全身，从视觉直击灵魂深处。

这令人印象深刻的一幕，也被现场很多媒体记者、观众用相机记录下来，发布到网上，引发惊叹和点赞无数。

杭州亚运会色彩系统"淡妆浓抹"包括六种色彩，分别是虹韵紫、映日红、水墨白、月桂黄、水光蓝、湖山绿，均取自杭州代表性意象，命名也充满了诗意。

历来，国际大型体育赛事的色彩运用都有一个底层逻辑，即色彩主题与举办地的本土文化基因相契合。现代国际大型体育赛事的色彩系统，则会更为鲜明地展现本民族特色。

比如2022年北京冬奥会和冬残奥会的色彩系统来源于对自然四时、天地五方和二十四节气等中国传统文化的理解，将其划分为五主色与五间色，既体现了冰雪运动、绿色奥运和科技奥运的内涵，又展现了中国独有的春节文化和长城文化的魅力。

如何用色彩来诠释东道主的文化特色?

如何用色彩体现举办城市浓郁的地域文化?

如何在这届亚运会上，对中国色彩文化和杭州城市特质进行浓缩、提炼?

......

色彩作为第一视觉语言，是世界性的，没有国界和种族之分，是一切美感中最大众的形式。色彩，往往能第一时间就抓住我们的感官，引领我们的情感。

为了打造一场视觉冲击力十足的亚运会，杭州亚组委特意邀请了一支国际化的设计团队，共同研究如何将中国传统文化与现代审美相结合。经过多次讨论和修改，最终确定了这套名为"淡妆浓抹"的色彩系统。这套色彩系统包括了主色、辅助色和点缀色三个层次，共包含十种颜色。这些颜色既能体现出东方文化的典雅气质，又能展现出现代设计的活力与创新。

　　杭州亚运会色彩系统"淡妆浓抹"的设计师、中国美术学院设计艺术学院综合设计系副主任郭锦涌表示，亚运色彩系统主要有两大诉求：一是满足赛事要求，二是彰显主办城市的风采、个性和特色。

　　2019 年，设计团队开始着手杭州亚运会色彩系统的设计。

　　设计团队成员对近期举办的亚运会以及奥运会、世界杯等国际大型体育赛事的色彩系统进行了调研，系统梳理了这些赛事中的色彩、色调、色彩搭配关系等，以此领悟体育赛事色彩搭配的逻辑和用色印象，总结出可借鉴的四条底层逻辑：一是色彩主题与本土文化基因相契合；二是色彩秩序与赛会管理架构相吻合；三是色彩营造与时空主题情景相融合；四是色彩表现与传播媒介升级相呼应。

　　逻辑建立后，就有了工作的基本架构和方向。但是，实际的色彩系统的发掘和研发，是一个不断反复的过程。

　　一开始，杭州亚运会色彩系统的设计围绕三四个色调展开，之后慢慢变成了六个主色调，设计稿前后经历了十多轮大的修改。

　　在设计稿的修改过程中，杭州亚组委也在不断地给予指导，一方面给出配合亚运会的用色习惯的建议，另一方面指导设计师配合城市管理的需求，从美学、专业的角度进行取舍和优化。

　　那么，能体现杭州特色的色彩语言到底是什么颜色？

　　其实，设计团队一开始定调的杭州亚运会色彩系统，并不是如此缤纷多彩的，而是借用了杭州的城市色，将色彩系统的主色调定为"丰富的灰色系"。

　　在人们的传统认知中，对杭州的城市印象是水墨江南，色彩以"黑白灰"为基调，白墙黛瓦，砖雕、砖壁为青灰色，这些色彩与西湖山水一起构成了淡雅、素净的主色调，构成了江南水乡特有的文化风貌。

　　不过，如果以灰色作为杭州亚运会色彩系统的主旋律，虽有意境，却不能显示出杭州城市大气、创新的特质。

　　何况，杭州作为一座江南城市，除了朦胧烟雨、铅色云层的淡雅，还有"槐绿低窗暗，榴红照眼明"的明艳。

　　宋建明一直倾力指导杭州亚运会色彩系统的开发设计工作。他表示，在城市化进程加快的今天，杭州的城市色已经发生了非常大的变化，传统认知中的白墙黛瓦，色调比例已不到5%。结合了各个时代建筑风格的杭州，既有江南传统民居，又有民国时期的青砖石库门，还有新中国成立后的大量工厂，以及城市骨架扩大后开发的商品房等等，构成了杭州城市丰富的色彩体系。

　　历史风貌保护区，比如南宋御街、小河直街等，是水墨色的；新建筑片区，高楼林立，是淡彩色；杭州城市丘陵多，山水美，绿化多，又有点西方水彩的味道。所有这些色彩在一座城市里出现，不突兀，很融合。宋建明说，这很大程度上得感谢杭州市民们挑剔的审美观，导致这座城市里很少出现浓艳的色彩，城市整体风格像一幅水墨淡彩画。

　　于是，就有了以"一卷江南水墨淡彩画"作为杭州亚运会色彩系统的主旋律。

　　杭州亚运会色彩系统的灵感，来自苏轼的名句"欲把西湖比西子，淡妆浓抹总相宜"。晴天的西湖，水盛波动，在阳光的照耀下，光彩熠熠，美妙至极；雨天的西湖，烟云迷蒙，缥缈轻盈，清丽淡雅，美得隽永。西湖引人入胜，杭州绚烂多姿。

　　苏轼用寥寥数笔，道尽西湖无数好，这首《饮湖上初晴后雨二首（其二）》被后世默认为是"杭州的名片"，其无尽的艺术魅力，成为杭州亚运会美学文化的色彩灵魂。

　　杭州亚运会色彩系统"淡妆浓抹"中，每一种颜色都是"万里挑一"。

　　在评审过程中，有人从绿意盈盈的西湖湖山生发联想，得出了第一种颜色的定调"湖山绿"，陆陆续续大家又想到了映日红、水墨白、月桂黄、水光蓝。

淡妆浓抹

杭州亚运会
色彩系统
Color System
of Asian Game
Hangzhou

Harmony
of Colors

映日红
Glowing Red

月桂黄
Laurus Yellow

湖山绿
Lake and Mountain Green

虹韵紫
Rainbow Purple

水光蓝
Glimmering Blue

水墨白
Mist White

难点落在了选什么颜色做主形象色上。最后，陈卫强建议用虹韵紫作为杭州亚运会色彩系统主形象色，既高贵典雅，又能体现出杭州大气开放的城市气质。

从千万种颜色里选出的这六种颜色，每一种颜色均对照了杭州山水的诗意，于是，每一种颜色都富有人文性和意义性，价值性和内涵性，跟人的感情、思想产生了关联。

虹韵紫，是杭州亚运会色彩系统的主形象色，也就是"IP色"，是塑造杭州亚运会独特视觉形象的重要基础。虹韵紫源自杭州亚运会会徽"潮涌"的主色，与会徽的色彩形成呼应关系，既是欢聚和交融之色，也是活力与创新之色，象征了日月交相辉映，活力四射、生机勃勃的亚运风采。

在中国传统文化中，紫色是尊贵和祥瑞的象征，用虹韵紫做主形象色，表达了杭州亚运会对参赛人员的支持和尊敬，传递出幸福吉祥、昂扬奋发的美好寓意。

映日红，取自霞光、气韵之色，象征华彩激情、亚洲活力。当红日从群山中冉冉升起，万道霞光映红了城市的天空，这是壮丽山河与无垠天空共同形成的气韵之色，焕发出悦目的光辉。当亚细亚的阳光与中国红，在杭州这座湖光山色的城市融合辉映，激励着亚洲的体育健儿们身披霞光，饱含热情，逐梦而行，迎接新的挑战，激发无限的活力。

水墨白，取自淡墨、包容之色。中性的黑白灰，是万色生发与汇聚的源起与结果，因此杭州亚运会以水墨白为协调色系，作为诗意杭州的底色。水墨白，是非常能代表中华传统的色彩。它是一种淡墨的色彩，通过与水的融合形成不同的层次，其流动感和晕染感更是代表了文化的开放与多元。将如此有包容性的色彩运用在杭州亚运会上，既象征了中华文化的博大精深，又体现了中华文化的包容性。

月桂黄，将月桂的香气和色泽交织，兼具视觉和嗅觉感受，象征传承和团结。月桂花，在中国传统文化意象中有富贵团圆的表征，又是杭州这座城市的"市花"。杭州亚运会召开之际，恰逢月桂开花，满城飘香，象征着全亚洲不同国家和地区、不同民族的人们，团聚在一起，共享盛会。黄色，在中国古代传统文化中是典雅、崇高的代表。选用这种明度最高的色彩，寓意着这是一届充满希望的体育盛会。

水光蓝，取自晴空、水波之色，具有强烈的清新感和高级感，我们似乎也能从中看到"雨过天晴云破处"的青花瓷蓝色的影子。蓝色，在现代往往寓意着创新和探索，象征着未来感和科技感，这也和杭州互联网之都、数字经济之城、创意之都的城市定位相得益彰。

湖山绿，取自层峦叠嶂的青山，优雅、精致，寓意着杭州拥抱青山绿水，是真正的生态之城。绿色，本是大自然的草木之色。在杭州这座城市中，西湖的绿就像青色，被三面云山围绕，晕染出清清浅浅的蓝绿色，有着丰富的层次。所以，不管是从名字还是从象征意义来说，湖山绿都是最贴合表现杭州西湖的山水风景的颜色。杭州亚运会使用湖山绿，不仅将和平和环保的理念贯穿其中，还能让人们更多地感受到高雅、清新、自然的城市气质。

这六种主题色彩，以浓浓的光感和晕感的色彩效果，形象地描绘出一幅杭州葱郁生态、富有活力的精彩画面，体现了一种江南氤氲、水墨淡彩的东方意境。

杭州亚运会的色彩系统，充分发挥了色彩这一种独特的视觉表现语言，用感性的、故事化的方式进行了诗意的表述。杭州是呈现东方审美意境的一扇窗口，有着"唐诗之路"的文化脉络。将诗词与杭州的水文化相结合，虹韵紫、水光蓝、月桂黄、湖山绿、映日红、水墨白这六种颜色，最能代表杭州的本土审美特质，既包含了葱郁湖山的自然生态，也融汇了创新活力的运动激情。

　　杭州亚运会色彩系统的设计前后一共经历了十几轮的大修改，最终发布的版本，在设计团队的电脑中标注的是"12.0 版本"。

　　从"0"到"1"，再到"12.0"，每一个版本之间的差别可能非常细微，但是都经过了反反复复的验证，每一种色彩都需要在不同的媒介上一点一点试验，纸张、面料、喷涂效果、电子屏幕等，直到找出一种在各种媒介上都拥有良好表现力的色彩，并且这种色彩在与其他色彩进行组合时也非常和谐。

　　杭州亚运会色彩系统的另一大突破就是运用了渐变色。

　　虹韵紫、映日红、水墨白、月桂黄、水光蓝、湖山绿这六种色彩是一个区间，是渐变的，一方面对应"淡妆浓抹"的主题，另一方面也顺应了色彩应用的趋势，更好地适应融媒体端的应用，实现更具感染力的色彩动态演绎。

　　调色，也是一大难题。

　　中国传统色彩浩如烟海，中国传统色彩的色区划分，是按照"阴阳五行说"的体系形成的，除"白、青、黑、赤、黄"五种正色之外，还有无数种间色，光黄色系就有杏黄、柿黄、生沉香、秋香等，随意选两种颜色，按照比例一调，就能调成几百种、上千种令人惊艳的色彩。

　　中国美术学院的老师们对于调色很有经验，"淡妆浓抹"的配色是一种非常精妙的、独属于杭州的色彩调配。因此，杭州亚运会色彩系统还专门申请了知识产权。

　　从城市端到赛事端，"淡妆浓抹"色彩系统被运用到不同的亚运场景中。

　　在城市端，城市门户以虹韵紫为主色调，辅以映日红和月桂黄，营造欢快热情的迎客氛围；城市交通以湖山绿为主色调，辅以月桂黄和水光蓝，营造清秀、和谐的自然生态氛围；生活街区和商业聚集地分别以月桂黄、映日红、水光蓝、湖山绿为辅色，形成主题统一且富有个性的东方品质生活氛围。

淡妆浓抹

杭州亚运会
色彩系统

Color System
of Asian Games
Hangzhou

Harmony
of Colors

在赛事端，虹韵紫作为杭州亚运色彩叙事的主线，在高光时刻和重要场景中都会出现，形成一以贯之的印象。此外，对抗类项目赛事的色彩以映日红为主，突出项目的对抗性；竞技类项目赛事色彩以月桂黄为主，突出项目的经典性；球类项目赛事色彩以湖山绿为主，突出项目的开放性；水上类项目赛事色彩以水光蓝为主，突出项目的探索性。水墨白作为无彩色系，在不同主题色系之间起到平衡与连接的作用。

"淡妆浓抹"色彩系统同各种亚运视觉标识一道，展示着杭州亚运美学，讲述着杭州亚运故事。

作为专业度极高的设计成果，杭州亚运会色彩系统"淡妆浓抹"发布后，获得国内外同行的一致好评，认为这套色彩系统凝练了中国色彩文化和杭州城市特质，以丰富的色彩，完美体现了江南的高贵典雅，一派好风光。这六种颜色渲染而成的亚运氛围，也同样得到了见多识广、眼光"挑剔"的杭州市民们的接受与欢迎。这恰恰说明，杭州亚运会的色彩系统，是对中国传统色彩文化和杭州城市特质的精准分析和高度提炼。杭州亚运会色彩系统将亚运美学文化浸润到每一位杭州亚运会的参与者、见证者、奋进者的心中。

形象景观总体规划从 1.0 到 4.0

———

　　杭州亚运会视觉形象系统建设，是杭州亚运会筹办十分重要的基础性工作。随着会徽、主题口号、吉祥物、体育图标、核心图形及色彩系统、引导标识系统基础元素、重要标志组合使用及拓展设计等一系列视觉元素相继发布，杭州亚运会的整体视觉形象系统日渐丰富和完善，如何加快视觉标志和形象系统在城市的广泛、规范应用，已是杭州亚运会筹办工作的重要课题。

　　尤其当亚运的脚步临近，亚运城市如何营造亚运氛围，成为一个亟待解决的问题。特别是核心图形和色彩系统问世后，为城市侧大面积挥洒亚运元素、呈现多姿多彩的亚运之美奠定了基础。

2021 年 1 月 29 日上午 10 时，《杭州 2022 年亚运会、亚残运会形象景观总体规划》（后称《规划》）1.0 版本正式在线上发布。

《规划》坚持"指导性、选择性、约束性"原则，是杭州亚运会、亚残运会形象景观设计运用的重要指南，内容包括会徽、主题口号、吉祥物、体育图标、核心图形及色彩系统等形象元素在亚运会、亚残运会场馆内外及城市景观中的运用规范。

《规划》设计了一系列视觉形象、公共艺术、夜景营造"工具包"，可运用于城市重要节点与竞赛场馆、亚运村、官方酒店、火炬接力等场域。通过整体规划和科学统筹，《规划》确保整个杭州亚运会、亚残运会视觉形象氛围营造在统一指导下同频共振。

许德清介绍，该《规划》将整体氛围定位于"东方诗意、中国窗口"。在亚运城市空间布局上，以杭州奥体中心、杭州亚运村为赛事核心，秉持"一心璀璨、四组齐发、多点闪耀、全域精彩"的理念。

从最初的概念设计到正式发布，《规划》经过了多轮修改，历时近五个月。1.0 版本得到来自体育、艺术设计、城市规划、城市管理等领域专家的高度评价，并分送给杭州及宁波、温州、金华、绍兴、湖州德清六个办赛城市。

2021 年 8 月 3 日，杭州市城市侧亚运形象景观布置动员大会召开。

与此同时，经迭代升级的《规划》2.0 版本随即上线。通过高质量、高标准地全面开展城市亚运形象景观布置工作，从而为各区县（市）及西湖风景名胜区的景观布置工作树立标准，让各项工作有序开展，为更好地营造亚运氛围提供捷径和助力。2.0 版本同样对于完善城市基础设施、提升城市发展能级、亮化美化城市，以崭新的城市面貌迎接国内外的嘉宾，提升国际化水平具有重要意义。

陈卫强认为，杭州亚运会视觉形象系统建设有三个"迫切"。

杭州
亚运会、亚残运会组委会
形象景观总体规划 2.0 版

City Display Master Plan Version 2.0
The 19th Asian Games & the 4th
Asian Para Games Hangzhou
Organising Committees

19th Asian Games
Hangzhou 2022

一心璀璨 四组齐发 多点闪耀 全域精彩

"体育亚运"的迫切需要。当亚运各场馆进入建设收官战时期，场馆内部的形象景观布置工作全面铺开，此时同步推进城市侧形象景观布置，与场馆内部的形象景观布置相得益彰，既符合赛事需求，也有利于形成鲜明独特的运动会视觉系统。

"城市亚运"的迫切需要。视觉形象系统是社会公众、参赛选手和国际来宾了解举办城市和国家文化最直观的来源。杭州亚组委要结合宣传推广杭州亚运美学文化，一方面借此机会对市政设施设备、公共艺术装置、夜景灯光布置进行再优化、再提升，另一方面也要持续升温亚运城市氛围，进一步扩大杭州亚运会的影响力，传播奥林匹克精神，让亚运美学文化走进公共空间，与城市景观交相辉映。

"品牌亚运"的迫切需要。杭州亚运会色彩系统主题为"淡妆浓抹"，这也是我们视觉形象系统和城市文化的整体调性。"淡妆浓抹、江南韵味"，杭州亚组委要以精美的视觉形象、鲜明的辨识度和深厚的人文历史内涵，提升亚运城市氛围，以恒久的艺术魅力引发不同文化背景受众的认同和共鸣，弘扬亚运美学，打造闪光的"亚运记忆"，留下独特的亚运遗产。

关于《规划》的用法，陈卫强给出了三个关键词：指导性、选择性、约束性。

许德清表示，迭代升级后的《规划》2.0版本，根据实际应用情况和各方反馈意见又作了进一步修改完善，并根据工作实际编制了社区简化版本。

杭州各区县（市）结合各地不同的城市文化特色"量体裁衣"，依法合规进行亚运户外宣传，布置公共艺术装置和夜景灯光营造。

宋建明表示："亚运形象景观布置是个艺术和技术相结合的活，前段时间，杭州亚运会艺术设计研究中心做了非常详细的规划、落实和预演，已经形成了具体的执行方案，这次动员大会召开后，将下沉到各个区县（市）中。"

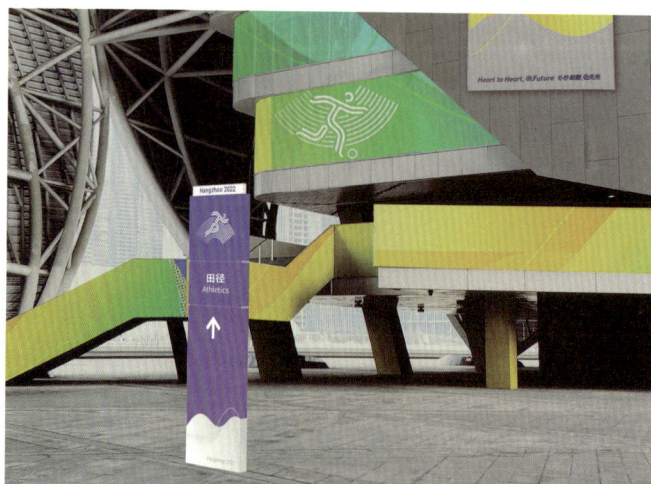

"亚运形象景观布置除了把握领导所提的指导性、选择性、约束性要求，同时也要非常注重艺术性。"毕学锋说，因为位置、形状，甚至光、色有所不同，形象景观在不同地点时就有不同的设计思路，"既要符合亚运形象景观的规范，也要有创造性的思考。"

在这场动员大会过后，整个杭州仿佛一夜之间"变脸"，换上了"亚运新衣"。

城市之上，亚运彩绘飞机翱翔于空中；城市之中，几百辆亚运公交来回穿梭；城市之下，装裹一新的亚运地铁，载着大家去到各个地方。人们在中河高架路上，邂逅杭州亚运会会徽"潮涌"、核心图形"润泽"及色彩系统"淡妆浓抹"等元素；在武林广场中央，遇见大红色的倒计时装置和地标"八少女"音乐喷泉；在抬头间，看见四周林立的建筑墙面上、大屏中，杭州亚运会主题口号"心心相融，@未来"点缀其中；在钱塘江畔，踏访"大小莲花""银河幻影"等亚运场馆。

随着亚运筹办工作的持续深入，杭州亚组委根据实际应用情况和各方反馈意见，不断对《规划》做进一步修改完善、迭代升级，相继推出 3.0 版本和 4.0 版本。

在杭州亚运会迎来倒计时一周年之际，杭州亚运会视觉形象系统建设更是全面进入景观铺设和氛围营造阶段，越来越多的人感受到了杭州城市里逐渐浓厚的亚运气氛。

白天，湖滨步行街、城市阳台、风情大道、良渚古城遗址公园、运河文化广场……城市中的主要地标、打卡点，几乎都被亚运"上了妆"。夜晚，一个个自带"亚运高光"的场馆，亮起了"亚运妆容"。萧山国际机场、城站火车站，吉祥物"江南忆"组合，欢迎着每一位来到杭州的旅人。

网友们戏称，这些神奇的"杭州亚运化妆包"，让杭州这座城市化上动人的"亚运彩妆"，变得更加美丽，更加有魅力。

在杭州亚运会、亚残运会召开期间，核心图形"润泽"、色彩系统"淡妆浓抹"随处可见，以其功能性作用，成就了很多心仪的艺术品。在赛事主场馆中，巨幅的核心图形搭配色彩系统，给人极大的视觉美感；在很多单位的楼道、办公室内，"润泽"和"淡妆浓抹"被作为艺术品，装裱后挂在了墙上；在户外广告牌、灯箱、变电箱等街道小品上，被分段截取的"润泽"和"淡妆浓抹"成为装饰品。在杭州亚运会、亚残运会闭幕后，还有些场馆刻意保留了核心图形"润泽"和色彩系统"淡妆浓抹"的设计，用作场馆美化。

更有意思的是，越来越多的新的展览在延续这套亚运美学体系。比如，第14届杭州文化创意产业博览会展馆的布展设计，就将核心图形"润泽"和色彩系统"淡妆浓抹"作为主要视觉元素进行演绎。

缤纷

第六章

——亚运设计走进日常生活

美是多元的，也是缤纷的。

在杭州亚运会的颁奖仪式上，人们的目光除了被仪式和运动员吸引，身着颁奖礼仪服装"云舒霞卷"的礼仪人员，也吸引了大家的关注，成为亚运赛场上别具一格的"东方美学"。

在浙江大地的街头巷尾，随处可见亚运海报；在亚运特许商品零售店里，别出心裁的商品设计，传递着设计之美、织物之美、器物之美。

亚运美学文化润物无声般的滋养，让设计之美从赛事侧向城市侧、产品侧不断延伸，表现形态越来越丰富，如万花筒般琳琅满目，百花满园。它们同样是体现杭州亚运精神、展示中国文化的重要载体。

芳华鲜美，落英缤纷。

亚运服饰的织物之美

————

杭州亚运会颁奖礼仪服装及升旗手服装设计主题为"云舒霞卷"，寓意姿态万千、色彩斑斓，充满了浓浓的东方韵味。礼服采用国风设计、渐变配色，用传统工艺制作，面料采用了杭州的丝绸元素。礼服色彩来源于杭州亚运会色彩系统中的虹韵紫、月桂黄、水墨白和湖山绿，月桂黄从上至下渐变，湖山绿、虹韵紫从左至右渐变，水墨白与其他颜色相互交融，把亚运色彩用渐变的方法渲染到各款服饰上。

"淡妆浓抹"的渐变与交融，正是由中国美术学院设计艺术学院教授吴海燕领衔的团队所做的最核心的视觉表达。在她眼中，亚运颁奖礼服是在一针一线、寸寸肌理中，尽显织物之美。

仔细看，颁奖礼服的设计融入了中国传统服饰美学的元素并结合现代设计理念。颁奖礼服的图案来源于杭州优美的人文景观和悠久的历史文化，手绘图景描摹出从"西湖时代"走向"钱江时代"的城市历程，配之以象征着钱塘江、城市交通及竞技赛道的波浪形，共同绘就华美丰富的图案。礼服造型风格中西兼容，采用简单立领、宽阔肩部、收腰及斜摆裙的造型，其中托盘礼仪人员身着短款，引导员身着长款，呈现出杭州作为举办城市的独特魅力和文化底蕴，体现大国礼服的风范和东方韵味的独特。

从旗袍、汉服到中西兼容的创新设计，从汹涌的浪头到舒展的曲线……杭州亚运会颁奖礼服的设计稿，基于亚运精神与服饰创意，经过了数十次修改，最终实现了"在服装上展现西湖美景，凸显杭州特色"的初心。

如何实现体育赛事服饰功能性与艺术性的统一？

能否将西湖与钱塘江更好地体现在服装图案上？

如何灵活地展现杭州织造的灵动与精细之美？

如何在服装设计和制作上贯彻"节俭亚运"理念？

……

当时，杭州亚组委领导就颁奖礼服设计，点题"江南忆，最忆是杭州"的经典古韵，在万众瞩目的焦点时刻，借助服装的视觉效果，向世界展示杭城古韵、浙江风貌，用这份温润的江南韵味，再次印证时代的审美。

为了以最佳方式契合杭州亚组委对亚运美学寄情于传统文化的审美要求，带着对本土美学转化的思考，吴海燕带领团队成员多次头脑风暴，并结合调研，明晰了杭州市民希望通过亚运传递城市理念的想法，决定将城市发展融入设计——

徐徐展现在我们眼前的，是一条在云水间穿梭的线，将西湖十景、钱江潮涌等杭州著名景点巧妙地融入图案设计中。礼服上叠加、穿插、起伏的线条，更藏着另外一层深意，恰如钱潮奔腾之浪道、亚运竞技之赛道、城市发展之轨道，形成一气呵成的图案叙事线，让杭州亚运会颁奖礼服设计的主题"云舒霞卷"一下子变得生动、立体起来，传递出杭州精致、浙江大气的地域气质。

为了找到想象中的手绘景象，设计师跑过很多地方，最后在杭州临平找到了。当地很多手艺人，还保留着用传统手法作画的技艺。

最为醒目的是，杭州亚运会颁奖礼服的配色运用了杭州亚运会色彩系统的四种渐变色——虹韵紫、月桂黄、水墨白、湖山绿，如何将这些色彩和谐地呈现在一件衣服上，而不是颜色的简单堆砌？如何展现华美的色彩，又不显得花哨？

综合考虑后，设计团队想到了中国传统手绘技艺里"染"的手法，这也是设计取得成功的秘密所在。颁奖礼服的上色，采用了渲染技法，每一件都由制衣师傅手工染成，因此，最后的成品，每一件都稍显不同，独一无二。我们在比赛现场看到的颁奖礼服，晕色丰富，变化自然，趣味无穷，凸显色彩与水交融的样子。服饰上表现出来的云和水之间的朦胧变化，很好地表达了杭州的温润韵味。

提花的样式设计，也是颁奖礼服在制作过程中最具挑战性的环节之一。提花是指在织物上通过经线、纬线交错组成的凹凸花纹，形成立体感和装饰效果。在细腻的丝绸面料上，以金银线、彩色丝线或其他材料，

利用提花技法创造出各种精美的图案和纹样，以增加服饰的华丽程度和艺术价值。宋代和明清时期，提花工艺达到了巅峰，提花图案通常具有丰富的象征意义，展现了中国传统文化中吉祥和美好的寓意。

设计团队花了三个月的时间，尝试了十多种不同的提花效果。光是确定提花的样式，就花了好几个月的工夫。据说，最开始设计师把草图拿到工厂时，工厂师傅觉得很难操作，很多细节无法实现。最终，以万根经线、纬线交织组成的凹凸花纹，形成面料肌理的视觉效果，既彰显了中国传统文化的韵味，又为颁奖礼服增添了一份精致和华丽的美感。为了让每件颁奖礼服都能有精美的图案，亚运会颁奖礼服还采用了"高科技数码"专项定线、定织、定位、定图的织造工艺。这也是一个反复论证和实践的过程，最终实现了中国传统文化与现代科技的完美融合，呈现东方范式。

无可厚非的是，诞生于杭州的亚运颁奖礼服，必定要用到杭州本土元素——丝绸。作为代表杭州文化的物质载体，从丝绸之源到丝绸之府，丝绸早已不只是一种单纯的生活消费品，更承载了杭州人的生活情趣、历史情怀和艺术感悟，彰显着杭州深厚的历史文化特色底蕴。这种唯一性、差异性、独特性，正是杭州有别于其他城市的独特气质。今天，当杭州丝绸和亚运体育结合，我们感受到了这座城市蕴含在内的活力和创新基因，也领略了独具东方诗意的江南气质。

升旗手的服装设计也颇具心思。色彩来源于杭州亚运会色彩系统中的月桂黄和水墨白。上下皆白，配以橘黄、浅黄象征丰收的景象；渐变色的领带点缀，彰显了中国传统的儒雅与现代时尚的简约风格。造型采用青年休闲西装款式，服装面料采用高新技术精美织造提花工艺，体现科技、文化与技艺深度融合的同时，更传达中华传统文化之美。服装面料的选择，秉承可持续发展的理念，采用以专项专定的真丝与人造丝交织而成的纱线这一绿色环保材料，实现吸湿、透气、舒适等功能；以传统手绘工艺的独特性，凸显色彩与水的浸染、晕染、渲染等效果，穿在身上独具特色。

"传统活化，设计转化，东方范式"，是设计师一直以来的自觉追求。得益于杭州肥沃的文化底蕴土壤，"浙江智造"的高科技加持，以及杭州亚组委给予设计团队的广阔的发挥空间，让设计师将中国传统文化融入当下的设计作品中来，成功打造出亚运赛场上独有的"东方美学"。

与"云舒霞卷"同出一辙的是，亚残运会的颁奖礼仪服装"远黛青山"，将浙江的诗意山水、绿水青山、人杰地灵、人文亚运融入了设计中。只此青绿，正是春归最得新意。

2021 年 9 月 10 日晚，在杭州亚运会倒计时一周年活动上，与杭州亚运会颁奖礼仪服装及升旗手服装同步发布的，还有杭州亚运会官方体育服饰。

杭州亚运会官方体育服饰包括火炬手官方体育服饰、护跑手官方体育服饰、赛会志愿者官方体育服饰、技术官员官方体育服饰、安保人员官方体育服饰、技术官员正装服饰、场馆化运行团队（亚奥理事会）大家庭官方体育服饰、亚奥理事会大家庭正装服饰。

这些兼具年轻态和活力味的官方服饰，其设计理念突出核心图形"润泽"的特性，融入充满时尚感、科技感的互联网云点状元素，彰显了传统与创新、江南韵味与东方诗意共融的独特魅力。交错呈现的点、线、面元素，给人以绵延的视觉美感和无穷的想象空间，象征着欢聚与交融、新生与活力，再现了超越共融的赛场风貌，展现了年轻风采。

官方体育服饰同样运用了"淡妆浓抹"的色彩系统，以虹韵紫为主，塑造的正式整体氛围和美学基调，呼应缤纷色彩的应用。官方体育服饰正是通过吸取核心图形中的不同色彩来演绎各大客户群体，沉稳冷静、热情活力、兼容并蓄，共融于杭州亚运这个大舞台上。

服饰的设计是繁复精密的，但事实上，服饰的材质选择上并没有过度铺张，而是选择更加环保平价的材料，这也契合了杭州亚运会"节俭"的办赛理念。早在设计之初，杭州亚组委就敲定了这一主基调，对每件服饰的单价都进行严格控制。这样一件件"物美价廉"的服饰，恰恰是杭州亚组委在朴素中寻求创新的真诚表达。

后续，杭州亚组委选择将这批官方服装（包括颁奖礼服）赠送给参与服务亚运、奉献亚运的全体工作人员，用作纪念留存。

一如在亚运赛场上，人们见证了杭州亚运会赛会志愿者"小青荷"那抹明丽青春之绿，这份高光印象，也将被馈赠为礼，永远留存在每一位参与者、见证者手中。

亚运海报的无限创意

————

官方海报是杭州亚运会的重要视觉形象，是展示主办国、主办城市文化特色和办赛理念的重要载体。

现代奥林匹克运动会与图像一直有着密切的关系。从奥运会诞生之初，海报就成为传达关于体育赛事的重要信息的有效方式。作为一种视觉媒介，海报具有一定的大型体育赛事宣传属性，内容可以包括比赛时间、地点、参赛国家和运动员的信息，以及赛事的主题和口号等。海报通过视觉和文字元素吸引人们的注意力，帮助人们了解赛事的重要细节。

同时，海报关联着时代与东道主的文化特征，它投射出所处时代的艺术、政治和社会背景。除了宣传赛事本身，海报表现出来的各种风格

19th Asian Games
Hangzhou 2022
杭州第19届亚运会、亚残运会官方海报设计
The 19th Asian Games Hangzhou Official Posters Design

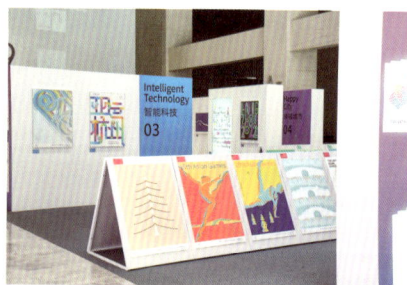

与技巧，是对艺术与审美价值的探索和讨论，甚至引领着当下视觉设计的发展趋势。

细数历届赛事，第一届现代奥林匹克运动会，即 1896 年雅典奥运会的海报，包含许多对雅典古代风俗的引用：画面顶部的"776—1896"，代表着传统意义上第一届古代奥林匹克运动会的举办日期公元前 776 年与第一届现代奥林匹克运动会的举办日期 1896 年；画面上雅典娜女神手持橄榄枝和一个由树枝制成的皇冠，站在雅典卫城和泛雅典体育场前。

1968 年墨西哥城奥运会的海报，以墨西哥传统文化为主题，海报上展示了奥运会的标志性建筑和人物形象；1984 年洛杉矶奥运会的海报，以鲜明的色彩和动感的设计表现出洛杉矶的活力和现代感；2008 年北京奥运会的海报，以中国传统元素和现代设计相结合，展示了中国的文化底蕴和奥运会的盛大场面；2022 年北京冬奥会和冬残奥会的海报，以体育为主题，以文化为内容，融入了冬奥元素、中国文化、城市风貌、冰雪运动等多种设计元素，呈现了冬奥项目造型与全民运动风采，展示了年轻一代蓬勃向上的朝气和参与冰雪运动的热情。

这一次，杭州亚运会，又如何在尺幅之间，挥洒无限创意？

杭州亚组委领导很早就给杭州亚运会官方海报征集点了题：围绕"历史人文""智能科技""体育竞技""幸福城市"四大主题，鼓励充分运用手绘、摄影、正负形等艺术手法，结合图形、文字、色彩等元素，以线性表达为串联，深入探讨亚运美学和奥林匹克精神，去努力契合杭州亚运会的定位、目标和办赛理念，以传播杭州文化与风情，与社会、生活、大众产生关联和共鸣，让广大群众有参与感和获得感，更全面传播主办城市的精神与形象，形成令人印象深刻的"江南美学"与个性鲜明的"杭州范式"。

2022 年 4 月 1 日，杭州亚运会官方海报正式发布。同时，官方海报设计展览在杭州亚组委大楼以及城市地标性场所进行。

"很多国内外朋友都对我说，杭州亚运会的海报设计是最有调性的。"资深媒体人王群力曾在官方海报发布之际，有过这样的评价。

杭州亚运会官方海报出炉，来自一个全球性的邀约，是在上千张图片中优中选优的结果。

早在 2021 年 1 月，杭州亚组委宣传部就牵头，收集北京奥运会、广州亚运会、北京冬奥会等大型赛事的官方海报征集的相关材料，起草官方海报征集整体工作方案，并会同亚组委财务部、法务部起草公开招标文件。

2021 年 6 月，通过公开招标，杭州亚组委确定中国美术学院为杭州亚运会、亚残运会官方海报设计征集的执行单位。7 月，《杭州亚运会、亚残运会官方海报设计征集文件》及征集公告编制完成。

2021 年 7 月 28 日，杭州亚组委面向全球发出了杭州亚运会、亚残运会官方海报设计征集的邀约，应征设计方案要求彰显奥林匹克精神，契合杭州亚运会、亚残运会的定位、目标和办赛理念。历时 94 天，全球范围内包括来自亚洲、欧洲、美洲及大洋洲等地区的应征者踊跃报名，杭州亚组委共收到海内外应征作品 1789 件。设计者不仅有从业多年的国内外知名设计师，而且不乏年轻的艺术家和设计爱好者。

2021 年 11 月 23 日，杭州亚运会、亚残运会官方海报设计征集评审工作开启。由中国美术学院党委书记金一斌担任评审委员会主席，许德清与宋建明担任副主席的评审委员会，针对参选的海报主要从三个方面展开评审：一是要体现"更快、更高、更强——更团结"的奥林匹克精神，要有很强的张力，有向上的力量；二是要体现杭州的历史、人文元素，比如西湖、良渚古城遗址等；三是要具备艺术的美感和视觉冲击力，要符合当代年轻人的审美观。

最终，来自体育界、设计界、媒体界的专家组成评审委员会，从征集到的近2000件作品中，精挑细选出60件，其中包括亚运会海报50件、亚残运会海报10件。

杭州亚运会官方海报一经发布，便迅速"占领"了杭城内外，成为别致亮丽的城市风景线。

当时，一众海报在杭州亚组委大楼、市民中心、杭州火车东站、湖滨步行街、地铁吴山广场站等地强势亮相。展览期间，杭州火车东站日人流量最高达约34万人次，湖滨步行街总人流量达约417万人次，一时间，展出的官方海报收到了社会各界的热烈好评。中央、省、市各大权威主流媒体及杭州亚组委官方新媒体矩阵对海报发布进行了报道，当天就冲上全国热搜榜，互联网上"点赞"声不绝如缕。

每一张都是"大片"的官方海报，以其精彩的创意和强烈的视觉冲击，夺人眼球，一见难忘。就让我们撷取其中的几张，与大家再次领略，共同回味和分享：

海报《亚运在杭州》将西湖与游泳赛道结合。画面中荡漾的湖面浮现泳池的形态，画面下方极具视觉指向性的泳池赛道连接湖畔、远山与雷峰塔。"HANGZHOU"字样在远山中若隐若现，向世界发出来自杭州的邀请。海报表达出对各国运动员来杭州的欢迎之情，并邀请他们在山水城市中体验竞技与悠闲。

海报《共同精彩》将杭州亚残运会会徽中的弧线元素幻化成跑道，以剪影的艺术手法勾勒出盲人运动员和陪跑员一起携手奔跑的形象，线条的交织与陪跑绳呼应，取杭州亚运会色彩系统中的颜色营造出律动活跃的运动氛围。荣耀属于盲人运动员，也属于陪跑员，无数次并肩奔跑，迎来共同精彩。

海报《意象杭州·无限亚运》将水墨行云流水的形态与杭州元素相结合，通过长短不一的线条表现竞赛时一前一后的激烈角逐，并以运动

HANGZHOU

Heart to Heart, @Future 心心相融,@未来

杭州亚运会组委会
Hangzhou Asian Games Organising Committee

Heart to Heart, @Future 心心相融,@未来
杭州亚运会组委会
Hangzhou Asian Games Organizing Committee

Heart to Heart, @Future 心心相融,@未来
杭州亚运会组委会
Hangzhou Asian Games Organizing Committee

轨迹勾勒出杭州元素。在两张系列海报中，一是在水面上进行的皮划艇项目，以运动轨迹描绘出断桥的形态；二是在山地上进行的自行车项目，以运动轨迹描绘出三潭印月的形态，通过极简的线条笔触表现杭州元素和亚运精神。

特别的是，杭州亚运会海报中还有 6 幅动态海报。譬如海报《未来你好》展现了一名佩戴 VR 眼镜的观众借助 AR 和 VR 技术，突破观赛位置局限，用视觉语言向世界展现"智能亚运，数字杭州"。

动态海报让杭州亚运会的元素动了起来，拥有更强的表现张力，与杭州亚运会动态体育图标有异曲同工之妙。这也是杭州亚组委在数字时代的审美创新。

国际奥委会前任主席萨马兰奇说："即便是在电子通信主导、视觉图像即时播放的当下，平面艺术所包含的信息依然无法被取代。"回归海报本身，这些设计精美、含义隽永的杭州亚运会海报，恰好体现了在当下时代，体育和生活的关系、运动和历史人文的关系、健康和智能科技的关系，具有独特的美感。

在王群力看来，杭州亚运会的成功举办获得了广泛的赞誉，完美地定义了新时代杭州城市的魅力内涵。其中，海报设计含蓄而生动，简单明了又充满意味，是杭州亚运会优雅大气的美学特质的集中表现。

王群力认为："官方系列海报完美地呈现了杭州历史文化名城的特质。将古塔、古桥，甚至篆字等山水意蕴和人文景观，与亚运会运动项目完美契合。海报还多元素、多角度地表现了杭州的现代城市魅力，集中体现了改革开放以来杭州经济与城市建设的巨大成就；同时，海报巧妙而丰富地使用了亚运会专用色，设计了不同场景下的传播界面，符合'全民亚运'理念。"

而这也是杭州亚组委"全民亚运"理念的生动实践：不仅提供了全球各地的设计师们自我发挥的创意舞台，也让全体民众在有形与无形间浸润在亚运美学的氛围之中。

杭州亚运会是体育搭台、展现亚洲文化的嘉年华，"亚运 IP"海报作品以其在设计、创意和表达方面的独特性，成功地传达了杭州亚运会的主题和精神，多维地解读了杭州多元化文化。

这些优秀的海报，通过艺术性的手法和创意创作，被广泛运用于赛事形象景观、社会氛围营造、媒体宣传等，以此为媒介，跨越文化、跨越民族，与世界对话，讲述中国故事，在全球化浪潮中彰显文化自信，传播东方意趣，也让人们对杭州亚运赛事建立起了长久的记忆和情感连接。

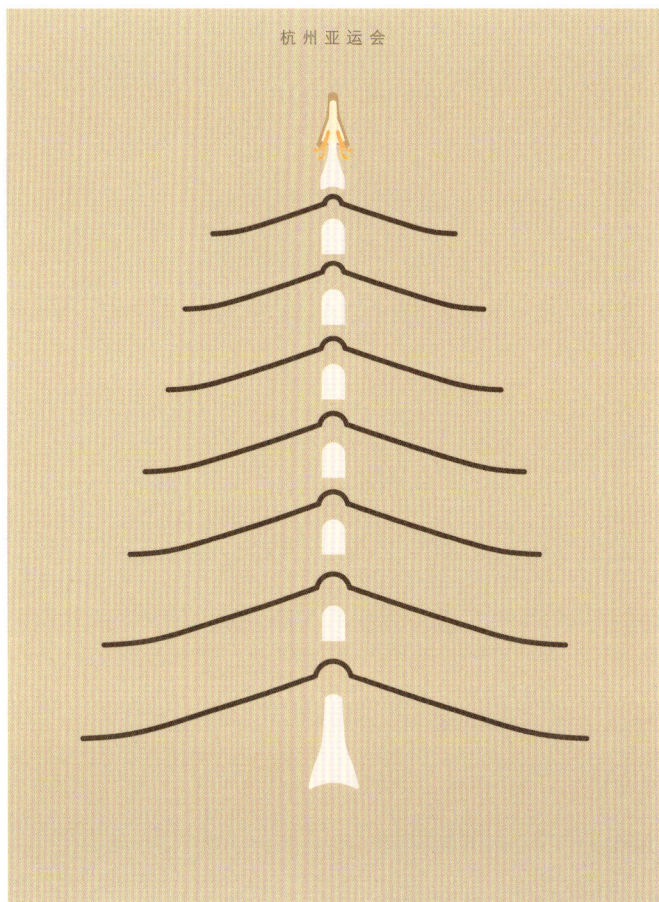

拓展设计的多元应用

———

    作为亚运美学不可分割的一部分，对杭州亚运会重要标志的拓展设计，让视觉艺术时尚化成为重要的实践表达。

    2021年4月6日，"杭州亚运会、亚残运会重要标志组合使用及拓展设计"项目正式在线上发布。其中，拓展设计项目侧重于对会徽、主题口号、吉祥物、体育图标、场馆图形、文化遗产、数字媒体呈现等重要视觉元素进行造型、颜色、设计语言等多方面的多元化艺术再创作。简单来说，就是杭州亚运会周边产品的设计。

    该项目由中国美术学院设计艺术学院视觉传达设计系郑朝副教授团队领衔设计完成，在杭州亚组委的指导下，向世界展示杭州亚运美学特色。

19th Asian Games
Hangzhou 2022

19th Asian Games
Hangzhou 2022

19th Asian Games
Hangzhou 2022

19th Asian Games
Hangzhou 2022

19th Asian Games
Hangzhou 2022

19th Asian Games
Hangzhou 2022

19th Asian Games
Hangzhou 2022

19th Asian Games
Hangzhou 2022

19th Asian Games
Hangzhou 2022

19th Asian Games
Hangzhou 2022

19th Asian Games
Hangzhou 2022

19th Asian Games
Hangzhou 2022

19th Asian Games
Hangzhou 2022

19th Asian Games
Hangzhou 2022

19th Asian Games
Hangzhou 2022

19th Asian Games
Hangzhou 2022

19th Asian Games
Hangzhou 2022

19th Asian Games
Hangzhou 2022

早在 2020 年底，杭州亚组委就与杭州亚运会艺术设计研究中心开始筹划这个项目。这在当时，是创新之举。毕竟在此之前，国内的各大体育赛事中，并没有将拓展设计作为一个重要的设计内容展开，这也是从未尝试过的设计思维和方向。

杭州亚组委的国际化视野与视觉导向，极具前瞻性。此外，杭州亚组委也充分考虑本届亚运会的氛围感营造，借此丰富设计周边与市场，包括在购买需求上的创造提升。这样的拓展思维和决策定位，具有划时代意义。

后续，经过团队一系列调研发现，在第 18 届雅加达亚运会时，虽然也有视觉形象的整体规划和拓展设计的雏形探索，但由于冗杂了多位不同风格的艺术家进行切入设计，最终并不成体系。杭州亚运会的重要标志拓展设计，应当充分考虑系统性，在创意创新上发挥更高水准。

在创作过程中，设计始终以灵动新锐的设计理念，紧扣当今设计流行趋势，旨在展示杭州亚运会、亚残运会重要视觉标志所蕴含的城市特色、亚运风采及国家文化软实力。

事实上，此次亚运会、亚残运会的拓展设计对创意、创新能力有很高的要求。以杭州亚运会会徽为例，设计团队在原有会徽的基础上，又拓展设计了 18 个各具特色的衍生会徽。设计过程中还有一段插曲，曾有市民代表担心：铺天盖地的氛围布置之下，亚运标志有了各种各样的演绎，会不会造成群众的认知混淆？

为了避免应用过程中出现混乱，设计团队给出了解决方案：拓展设计的元素只运用在线下产品端，不会出现在场馆里或者引导标志上。正如我们目之所及，这些设计被广泛应用于特许商品、衍生产品、宣传品印制等，将杭州亚运会真正打造成老百姓积极主动参与的"亚运嘉年华"。

同样，京杭大运河、西湖、良渚古城遗址、定胜糕等广泛出现在亚运会、亚残运会的重要标志拓展设计中，尽显江南风韵。

设计团队表示："这是亚运品牌在地性的设计创新。我们从杭州本土环境出发，去挖掘和利用场域中存在的各类设计要素，创造符合当地特征的设计。"比如，在西湖元素的拓展方面，设计团队选择了"西湖十景"中的四景——雷峰夕照、断桥残雪、三潭印月和花港观鱼，并在亚运项目中选择了游泳、跑步、自行车、拳击四类体育运动，两相结合，造就了独具江南意味的元素。此外，设计团队还运用丝绸的经纬线编织感来体现杭州韵味。

仔细观察系列设计可以发现，年轻化和几何化是其重要特点。从建筑到运动项目，"小方块"的身影频频出现。

这也是设计团队的用心之处。除了小桥流水人家的江南之美，杭州还是个智能化程度非常高的城市。因此，设计团队以二维码为灵感，提炼出了一系列具有趣味性、年轻态和交互性的设计，更符合当代年轻人的审美品位。

聚焦特色差异化，文化再生，利用文创形式衍生价值，打造"亚运品牌 IP"，是杭州亚组委已经确定的实操方向。考虑到亚运会的会徽、主题口号、吉祥物、会徽印鉴已经无法更多地满足在地性的设计需求，于是设计团队便加入了场馆、文化遗产，以及基于杭州"数字经济之城"的定位纳入的数字媒体呈现，七大模块最终敲定。

历经多次汇报和改进，重要标志拓展设计比设计团队预想的顺利很多。最终，只花费了一个季度的时间，一本涵盖七大系列的《杭州亚运会、亚残运会组委会重要标识组合使用及拓展设计规范手册》顺利成形。

"杭州亚运会、亚残运会重要标志组合使用及拓展设计"一经发布，网友好评如潮：

"五彩缤纷的，像春天。"

"想把这些明媚的亚运色彩统统带回家。"

……

杭州亚运会、亚残运会组委会

重要标志组合使用及拓展设计规范手册

Guidelines for Logo Setout & Usage
And Extended Logo Designs
The 19th Asian Games & the 4th
Asian Para Games Hangzhou
Organising Committees

1 会徽
Emblem

1.2 会徽拓展应用
Extended Emblem Designs Usage
亚运会方案一

007

杭州亚运会、亚残运会组委会

重要标志组合使用及拓展设计规范手册

Guidelines for Logo Setout & Usage
And Extended Logo Designs
The 19th Asian Games & the 4th
Asian Para Games Hangzhou
Organising Committees

1 会徽
Emblem

1.2 会徽拓展应用
Extended Emblem Designs Usage
亚运会方案一

杭州亚运会、亚残运会组委会

重要标志组合使用及拓展设计规范手册

Guidelines for Logo Setout & Usage
And Extended Logo Designs
The 19th Asian Games & the 4th
Asian Para Games Hangzhou
Organising Committees

3 口号
Slogan

3.4 口号拓展应用
Extended Slogan Logo Usage
亚残运会方案

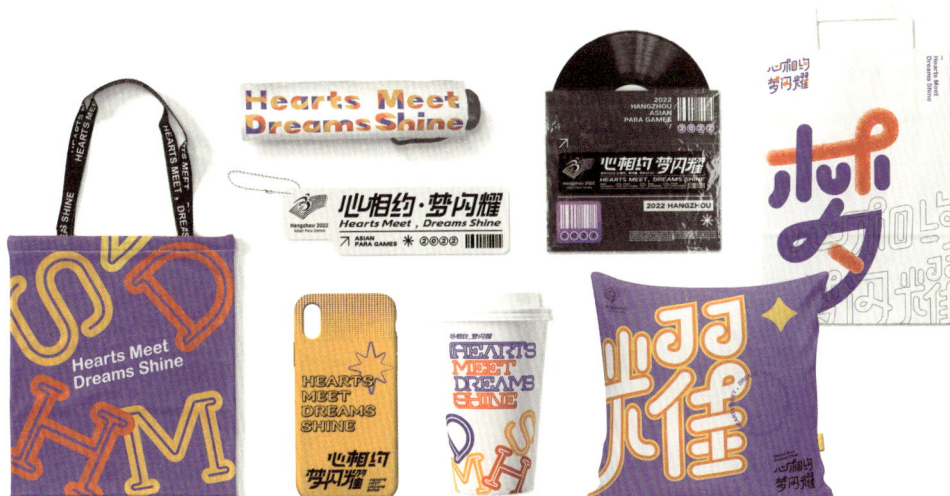

055

杭州亚运会、亚残运会组委会

重要标志组合使用及拓展设计规范手册

Guidelines for Logo Setout & Usage
And Extended Logo Designs
The 19th Asian Games & the 4th
Asian Para Games Hangzhou
Organising Committees

3 口号
Slogan

3.4 口号拓展应用
Extended Slogan Logo Usage
亚残运会方案

056

这正是杭州亚组委从实际需求出发，对杭州亚运会重要视觉元素，从造型、颜色、设计语言等多方面进行多元化艺术再创造与衍生的真实写照，将竞技体育、杭州城市、中国文化等元素融入设计，用灵动的设计语言呈现更为国际化、艺术化的形式效果，再次向世界展示更新颖、更富魅力的杭州亚运美学文化特色。

毋庸置疑，这些视觉元素的开发与应用，在产品端——杭州亚运会特许商品上体现得淋漓尽致。

杭州亚运会特许商品，承担着宣传亚运精神和亚运品牌、宣传中华传统文化和主办城市杭州特色的重要使命。17 个品类近 1500 款特许商品强势登陆，既有亚运特色，又自带杭州风味，每一款都独具匠心，更是在赛前和赛时，不断掀起民众强大的购买力。

当亚运遇上国庆，"亚运经济"表现实力不俗。琳琅满目的特许商品凭借其新意和独特设计，圈粉无数，成为民众购物所好，销售热度更是超过往届。

据统计，杭州亚运会特许经营规模达到历史最佳水平，截至 2023 年 6 月底，特许经营共上线 17 个品类、近 1500 款特许商品，开设天猫官方旗舰店、电视频道购物平台及全国线下零售店近 1500 家。截至 10 月 4 日，这些特许商品的销售额已达 7.6 亿元，据杭州市商务局统计，拱墅区三大场馆周边的杭州亚运会特许商品零售店的日均营业额均在 30 万元以上。支付宝"亚运加油袋"火成"杭州市包"，据周边生产商透露，订单量比平时增长 4 倍。

杭州亚运会陆续通过亚运特许商品带动了大众尤其是年轻一代对本土文化的了解。茶文化、良渚文化、宋韵文化、非遗文化等传统"IP"，不仅得到了激活，还变得更加新潮、可亲、可感。

是的，亚运设计不只美，也让"潮"更"潮"。美美与共，更成就了符合时代审美的绝佳例证。

19th Asian Games
Hangzhou 2022
杭州亚运会、亚残运会重要标志组合使用及拓展设计
Logo Setout & Usage and Extended Logo Designs for
The 19th Asian Games & the 4th Asian Para Games Hangzhou

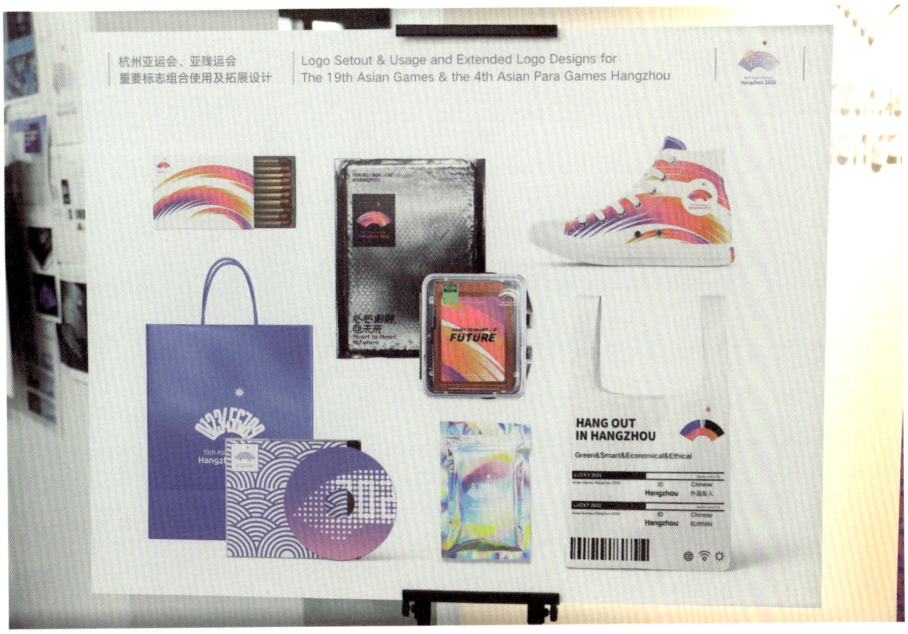
杭州亚运会、亚残运会
重要标志组合使用及拓展设计
Logo Setout & Usage and Extended Logo Designs for
The 19th Asian Games & the 4th Asian Para Games Hangzhou
HANG OUT
IN HANGZHOU
Green&Smart&Economical&Ethical

第七章

湖山

—— 奖牌的文化密码

湖山 Shan Shui

杭州第19届亚运会奖牌形象设计
Launch of the Medal Design for the 19th Asian Games Hangzhou

19th Asian Games
Hangzhou 2022

"四分台榭六分水，三面湖山一面城。"

杭州，是一个背靠群山的"武林"之城，又是一个朝向大海的"江湖"之城，自然环境得天独厚，依山带水，湖山相映。杭州之美，美在湖山。

继会徽"潮涌"、吉祥物"江南忆"、火炬"薪火"等视觉元素发布之后，杭州亚运会奖牌已呼之欲出。

一块精美的奖牌，不仅凝聚着所有参加亚运会的体育健儿的共同追求，铸就体育史上一座座巍峨高峰，更以艺术性的凝练表达，将主办国、主办城市的鲜明特色融入"更快、更高、更强——更团结"的梦想，成就永恒的设计经验。

杭州亚运会奖牌是怎样诞生的？如何将湖山之美融入杭州亚运会奖牌设计？"湖山"这个众人拍手叫好的命名，又是从何而来？

在亚运美学文化之旅行近终点之际，让我们一起走进"湖山"的世界。

湖光山色的创意灵感

———————

　　夏日的午后，良渚博物院的石墙，白亮又斑驳，远远看去像是横陈在草坡后的璞玉，水池倒映出狭长的蓝天，数位参观者穿过庭院，进入一个新的展厅，在一个庄重绝美的玉琮前，长久地驻足。

　　数天后，这数位参观者的身影，又在西湖边、运河边流连。

　　自从接下了杭州亚运会会徽奖牌的设计任务，中国美术学院工业设计系主任章俊杰带着团队，无数次到访浙江省博物馆、良渚博物院，无数次跑到西湖边，找图案的灵感来源，找造型的灵感来源。

　　2023 年 6 月 15 日，杭州第 19 届亚运会倒计时 100 天主题活动上，杭州亚运会奖牌"湖山"正式发布。

　　"湖山"的设计源自五千年历史的良渚文明，展示中国江南文化，

呈现杭州山水景观。奖牌正面，用突出的线条勾勒出"三面云山一面城"的杭城画卷和杭州亚运会会徽"潮涌"的意象。其中，断桥、三潭印月的剪影寓意杭州西湖，19组灵动的曲线构成波浪起伏的形态，代表第19届亚运会，湖水涟漪，山峦起伏，美不胜收。奖牌背面形似方形印章，寓意运动员们在杭州亚运会上留下美好的印记。整体设计别具一格，具有很高的辨识度，体现了美美与共、和而不同的含义。

杭州亚运会奖牌的出炉，是杭州亚运美学文化探索的一次厚积薄发，其设计过程漫长且充满故事。

2021年1月起，杭州亚组委宣传部牵头，收集北京奥运会、广州亚运会、东京奥运会、北京冬奥会等大型赛事奖牌征集的相关材料，起草奖牌及其他颁奖物资征集的整体工作方案，并会同杭州亚组委财务部、法务部起草公开招标文件。

2021年6月，通过公开招标，杭州亚组委确定中国美术学院为亚运会、亚残运会奖牌及其他颁奖物资设计征集的执行单位。7月，《杭州2022年亚运会、亚残运会奖牌及其他颁奖物资设计征集文件》及征集公告编制完成。7月28日，杭州亚组委、亚残组委面向全球发出了杭州亚运会、亚残运会奖牌及其他颁奖物资设计征集的邀约。

公开征集内容包括亚运会、亚残运会奖牌及奖牌挂带、奖牌包装盒设计；亚运会、亚残运会获奖运动员纪念品及包装盒设计；亚运会、亚残运会参赛运动员纪念品及包装盒设计；亚运会、亚残运会证书设计；亚运会、亚残运会颁奖托盘设计；亚运会、亚残运会颁奖台设计等。

为响应公众参与热情，满足设计创作需求，2021年10月10日，杭州亚组委发布公告将公开征集时间延长至10月20日。此次邀约，共收到海内外应征作品近1200件。

10月22日，杭州亚组委组织专家，完成了杭州亚运会奖牌入围评审及初评评审。

　　2021 年 11 月 2 日，杭州亚组委邀请了来自体育界、设计界的专家组成评审委员会，对奖牌及其他颁奖物资设计方案进行复评，从初评入围方案中，评选出 10 套入选方案。按照原计划，接下来，杭州亚组委将成立深化修改专家团队，对入选方案进行意见深化与修改指导，最终从 10 套经过深化修改的复评方案中择优产生杭州亚运会、亚残运会奖牌及其他颁奖物资各一套设计方案。

　　就在领导专家对 10 套入选方案进行集中评议时，争议出现了。

　　一直主抓奖牌设计征集评审工作的许德清回忆，大家对提交的 10 套方案都并不是十分满意，总感觉缺少了点什么，选不出"最杭州"的方案。在重新复盘的过程中，宋建明提醒，还有个很特别的异形的奖牌，遗落在诸多设计稿中，可以作为备选项。这个从未尝试过的造型，或许可以成为亚运会历史上最具特色的奖牌。

　　这就是章俊杰团队提交的方案，创意源自良渚玉琮，外形有些方，使得它与传统的圆形奖牌相比，显得有些另类。

　　尽管被重新发掘，领导和专家们还是毫不隐讳地指出，这个方案还很不成熟，后续还有大量需要修改、完善甚至重新创意的地方。

　　这个时候的设计团队还承担着杭州亚残运会火炬形象设计的重担，当章俊杰确认自己的团队被定为奖牌设计团队的时候，火炬"桂冠"还未正式面世，不少收尾工作还在进行，接到新任务的团队顿感身上的压力陡增。但是，压力即是挑战。迎难而上的团队，开始了加班加点的设计工作。

　　在奖牌设计过程中，"水"一直是章俊杰坚持使用的一个元素。

　　早期设计的时候，团队考虑过用水不同的表情去表达不同的意象，把杭州不同地方的水画成不同的纹路，赋予不同的意义。

　　"五千年良渚、两千五百年运河、两千年西湖，都像一幕幕历史的浪潮映入我们的眼帘，在我们的想象里，大运河的水是汹涌澎湃的，西湖的水是恬静柔和的，良渚、钱塘江等地方的水都应该有不同的表情。为此，我们游历了钱塘江、富春江、新安江等浙江的水域，发现水所代表的江南风情正能反映杭州这片水土的人文气质。"设计师说。

　　宋代画家马远的《水图》赋予了他创作的灵感。

　　800多年前，"南宋画水第一人"马远从水纹入手，状写江河湖海的静谧、欢腾、跳跃、迂回，绘就了中国绘画史上极为罕见的作品《水图》，为山水画中"水"的形象开辟了全新的表达方式。

　　800多年后，这些带着各色"神态"的水成为杭州亚运会金、银、铜成套奖牌"湖山"的主角。

　　经过一遍遍打磨后，水的元素被保留下来，形成我们现在看到的奖牌表面波浪起伏的曲线。

　　杭州是一座水城，水是杭州的根和魂。在世界各地，很少有城市如杭州这般江、湖、河、海、溪"五水并存"。杭州在其千年的建城史上，一直是一个依水而居、与水共存的城市。自吴越国以来，城市依湖而筑，赖西湖之水得以生存，城市形态延续千年。

设计师初稿中，为了更多地表现杭州各具情态的水系，不仅放入了钱塘江、西湖、运河的水元素，还加入了西溪的元素，加上桥塔文化、梁祝文化等元素。这么多堆积在一起，虽然内容很丰富，但却让小小的奖牌显得过于繁杂了。

许德清说，杭州亚组委领导的意见很一致：这个阶段，首先做简化，去掉一些元素。这个取舍扬弃的过程非常艰难，在杭州亚组委大楼1019会议室里，领导、专家济济一堂，围绕奖牌修改完善的会议常常一开就是一下午，有时一直延续到深夜。

在修改设计方案的同时，关于奖牌的命名也随之开展热烈讨论。章俊杰最初提交的入围方案，将良渚玉器的造型和钱塘江潮水、西湖的起源等元素联系在一起，名字叫"源流"，意在体现城市文化的起源。但是，这样的取名，显得有点过于隐晦了。在一场杭州亚组委的专题会上，大家围绕命名展开热烈的研讨，纷纷建言献策，火花四溅，给出其他诸如"桂冠""桂子""湖山"等命名。

究竟什么样的名字，才最能体现杭州特色？

许德清建议取"湖山"之名，简短直白，朗朗上口，更能突出杭州这座城市湖光山色的地理特征，也能表达杭州生态文明之都的气质，"绿水青山就是金山银山"，湖光山色铸就的金牌银牌，更具有城市特殊的纪念意义。同时，山高人为峰，在层峦叠嶂中，激励运动健儿顽强拼搏，挑战自我，攀登一个又一个高峰。

这个建议得到了市级、省级领导的认同。在杭州亚运会奖牌最终定稿发布的两年多的时间里，奖牌的设计过程经过无数次的推翻重来，不断优化，但是"湖山"却是从一开始确定，就获得大家一致认同的名字。有网友评价说：从"湖山"的名字，又见中国式浪漫。

"湖山"名字的敲定，事实上也就明确了杭州亚运会奖牌图样的设计方向。水的元素有了，接下来就要加入山的元素，才能更完整地诠释杭州这座城市的地理之美。

杭州也是一座山城。《汉书·地理志》记载："武林山，武林水所出，东入海。行八百三十里。"武林山即杭州群山。层叠起伏的山峦，环西湖而立，秀丽挺拔，苍翠幽美，给杭州这座城市增添了多层次、低视角，柔和委婉的天际线。

如何表现山的元素？经过一遍遍打磨，一遍遍商讨，设计师用灵动的曲线构成了山的形态。三潭印月、断桥等元素，落在片片既像波浪又像群山的纹路中。湖水涟漪、山峦起伏，好一幅"三面云山一面城"的杭州画卷。

进入了深化修改、报批的关键阶段，省、市主要领导高度关注，多次听取汇报，给出了十分重要的指导意见。比如，要求奖牌设计上具有鲜明的杭州辨识度，要增添杭州代表性元素。

什么是杭州代表性元素？很快一批标志性的城市景点进入视野，包括断桥、六和塔、三潭印月等元素，一一纳入奖牌设计中，进行试错。只是，奖牌毕竟面积有限，太多的桥、太多的塔、太多的水系堆砌到奖牌上，图案就又显得过于复杂了。

最终，大家商议后认定，还是要去繁就简，紧紧围绕"湖山"两字展开设计方向，突出这方土地的山水风韵、浙江精神。

作为主要汇报人的许德清笑称，那段时间，他带着资料、背着双肩包，像个"亚运小贩"出现在市民中心、省政府大院，成为一种常态。奖牌修改进入一个艰难的瓶颈阶段，论证会议越开越久，越开越晚，等会议结束时，大家站起来时，腿已经不听使唤了。

就这样，从设计师画下的第一笔，到600余天后的定稿，两年多的时间里，杭州亚运会奖牌"湖山"经历了20多轮改稿，终于逐步定型完善，并最终得到杭州亚组委领导、国家体育总局、亚奥理事会等多方面的共同认可。

"地有湖山美，东南第一州。" 杭州这座城市，一脉相承地贯穿了中国传统山水文化的精神和理念，不仅有对自然山水之美的欣赏、顺应、点染与营建，还在于其深厚的历史人文底蕴与精神。

西湖山水，幻化神雨暮晓，景物大异，带给这座城市无尽的诗情画意，也激发杭州亚运会奖牌产生过程中无限的创作灵感。

"湖山"，也在一块小小的奖牌上，浓缩了杭州的美景，再现白衣卿相柳永笔下的"东南形胜，三吴都会，钱塘自古繁华"，将杭州的美表现得淋漓尽致。

杭州亚运会奖牌"湖山"不仅有着独特的形状和设计，还融合了杭州的三大世界文化遗产——西湖、良渚古城遗址、京杭大运河。一块奖牌，是一幅杭州的美丽画卷，也是一部中华文明的历史故事。

可以说，杭州亚运会奖牌"湖山"体现的是杭州作为一座山水城市，人文与自然和谐共融，科技与绿色和谐发展的理念。

和"湖山"一脉相承的亚残运会奖牌"桂子"，用桂花表达了杭州城市浪漫的气质。在奖牌形态上，以玉璧的厚重，追溯杭州五千年的文明渊源。

玉璧，是中国古代最隆重的礼器之一，象征着美好的意愿和高贵的品质，也给予了后人源源不断的灵感，并意将这种文化的传承融入大型体育赛事中。

2008 年北京奥运会奖牌"金镶玉"，取自中国古代龙纹玉璧造型；2022 年北京冬奥会奖牌"同心"，来源于中国古代同心圆玉璧。而今，杭州第 4 届亚残运会的奖牌，又延续了对玉璧的创新运用，将厚重精美的玉璧和轻盈柔美的桂花两者相融，以苍璧礼天，蕴含珠联璧合、圆满美好之意，传递亚洲价值文化的多元和融合。

"桂子"形态取自玉璧，正反面双璧结合，有珠联璧合之意，代表了中华文明的和合与共、和谐共生，还有团结合作的人文精神，也寓意着团圆美好，象征着亚洲命运共同体，亚洲多元文化的融会交流。

亚残运会奖牌"桂子"奖牌的背面最外层一圈，还采用了良渚神人兽面纹样装饰，具有很高的辨识度。神人兽面像，反映的是良渚社会生活时期神的威严和神圣，是先民们信仰的寄托，在奖牌上进行体现，也是想传承人们自古至今对美好生活的向往，也是寓意运动员们向往美好、积极进取的精神追求。

从"湖山"到"桂子"，一块小小的奖牌，传达了杭州的历史、特色与活力，是杭州文化渊源的体现，也是大国气度的核心精神的彰显。

Hangzhou 2022
Asian Para Games

杭州第4届亚残运会奖牌形象设计
Medal Design for the 4th Asian Para Games.

桂子

Osmanthus Grace

"方圆相融" 的造型特色

————

在历届亚运会乃至奥运会的奖牌设计中，杭州亚运会奖牌"湖山"可谓独树一帜，卓尔不群。

从1896年首届现代奥运会以来，历届大型体育赛事的奖牌，图案经历了多次变化，差异性也很大，但是形态基本一致，核心图形均为圆形。

杭州亚运会奖牌"湖山"的设计，打破体育赛事奖牌圆形的传统惯例，将方形玉琮和圆形奖章融为一体，形成了亚运会历史上罕见的"方圆相融"形奖牌，具有很高的辨识度，体现了一种美美与共、和而不同的精神。

对于奖牌这一重要的"礼器"，杭州亚组委的初衷，就是要最能够代表杭州文化渊源，也代表大国气度，在颁奖仪式上显得庄重典雅。设计团队的创意核心与此不谋而合，为了盛放"湖""山"的意向，他们始终考虑将奖牌设计与火炬"薪火""桂冠"有核心意象上的联系。最终，设计团队将目光锁定在最能表现良渚特质的玉琮上。

在浙江省博物馆内，发掘自良渚反山王陵的玉琮王被称作"镇馆之宝"。其形式宽阔硕大，纹饰独特繁复，为良渚文化玉琮之首，是良渚文化五千年文明史之中最有代表性的神圣玉器。

玉琮，让杭州山水之"容器"初现雏形。

奖牌"湖山"，正面似圆，背面呈方，别具一格，表达了开放包容的东方审美以及中国包容世界的胸怀。

不过，玉琮式样的奖牌独特而硬朗的方形外轮廓的设计理念，差点成为沧海遗珠。好在，亚运美学文化的实践，让杭州亚组委机关的各位领导都养成了火眼金睛，并且有一种无形但却一直在线的美学品位作支撑，加上大胆鼓励创新创意的基因，最终让"意外"没有发生。

杭州亚组委大胆决策，向世界奉献一块亚运史上最具特色的奖牌。这个"方圆相融"的设计方案通过了。但是，最初玉琮形状奖牌太厚实，在杭州亚组委的建议下，又做了一次又一次减轻、减薄的过程。

除了"方圆相融"的造型设计，"湖山"和往届奖牌相比还有一个打破常规的尝试，就是图案中会徽的布局。

以往传统的大型体育赛事奖牌设计，一般将亚运会会徽居于正中，而杭州亚运会奖牌"湖山"将会徽挪到了中间偏上一点的位置，取而代之出现在奖牌中心的是断桥和三潭印月的剪影，寓意杭州西湖的19组曼妙曲线构成的波浪起伏，犹如群山环抱，传达出第19届亚运会的纪念意义。

在听取奖牌设计方案汇报时，杭州亚组委主要领导再次提出重要的意见，优化奖牌设计的整体布局，可以考虑将会徽位置上移，其他辅助元素也做相应调整，更加突出江南韵味和杭州元素，也使画面更加和谐统一。

一个简单的移动，却改出了更多的可能。

金牌、银牌、铜牌正面展示

金牌、银牌、铜牌背面展示

细细观赏下，移动后的会徽就像是飘浮在云端，和湖山一色呼应，视觉上有远有近，有写实，有空灵感，整个奖牌图案充满画卷式的美感。

杭州三大世界文化遗产，良渚古城遗址的元素体现在奖牌形态上，西湖的元素体现在奖牌图样设计上，另一个世界文化遗产大运河体现在哪里，成为考验杭州亚运会奖牌"湖山"设计的一个难点。

杭州亚组委官方和设计团队经过讨论研究，决定在奖牌绶带顶端加上一个桥型的束扣，来体现世界文化遗产大运河上一座标志性的桥——拱宸桥。

奖牌的桥型束扣，分为上下两半，寓意一半为桥一半为倒影，上方是磨砂金属，下方是镜面金属，彰显了水乡、桥乡的江南特色。

桥型束扣除了装饰作用，还像是一件西服上的领结，其连接方式采用弹扣轴的生耳结构，将绶带固定在奖牌内部，设计成藏入式结构，当它扣在绶带不同位置上时，会对绶带形成约束作用，不仅可以调节佩戴之后的悬挂长度，还能让绶带在运动员胸前尽量保持平整，起到美观整洁的作用。

奖牌绶带上采用束扣，在亚运会历史上十分鲜见。

三大世界文化遗产之外，杭州还有一张"金名片"——丝绸。

奖牌"湖山"采用的真丝奖牌绶带，由虹韵紫、映日红、水墨白三色交融，形成"多色渐变"。为了体现亚运绶带的与众不同，绶带制造厂商专门研发了全新提花面料"亚运锦"。

"亚运锦"使用100%6A级桑蚕丝原料，织造非常细腻，纬斜标准远高于国家标准，国家标准对于经纬偏差的要求是3%，而"亚运锦"只有0.1%，高于国标30倍。同时，绶带采用织锦提花工艺和环保印花技术，双面手工精密缝合而成，极大地保留了传统提花的光泽与美感。

奖牌"湖山"，既体现出中国传统山水美学，又体现了杭州历史人文和科技创新的相融。

　　当获奖运动员们戴上这样一块精心创意设计的奖牌时，想必一定会感受到杭州的山水之美和中国文化的魅力，一定会感受到亚运人精益求精的极致追求，一定会感受到浙江、杭州为亚运会所倾注的百倍努力，每一个细节都不放过，每一个创意都臻于完美，只为呈现一届史上最成功的亚运会。

奖牌和颁奖物资的工艺之美

————

2023 年 3 月底，一场特殊的封样仪式在上海苏州河畔的上海造币有限公司多功能厅举行。

出于保密的考虑，出席仪式的人数不多，但每个人身上仿佛都承载着一份独有的责任感和使命感。随着陈卫强和上海造币有限公司党委书记刘科共同挥动榔锤，敲下奖牌设计方案装箱的钉子，奖牌设计方案最终确认，并正式进入生产环节。

作为工业设计作品，杭州亚运会奖牌"湖山"、亚残运会奖牌"桂子"还需要跨越从艺术设计到生产制造的"鸿沟"。这恰是奖牌设计与其他视觉元素设计最不一样的地方。

奖牌，通常采用模具制作、坯饼制作、压印成型等制作工艺。按照产品开发流程，奖牌还需要经过草图、草模、仿真模型、实样等一系列过程反复推敲验证，在工艺师和设计师的沟通过程中，经历了多次推倒重来和上百次熬夜，优中选优，才变成了现在看到的版本。

2023 年 1 月，上海造币有限公司成功中标杭州亚运会、亚残运会奖牌项目。

上海造币有限公司是一家有着一百多年历史的造币厂，与体育赛事结缘已久，先后承担了 1990 年北京亚运会、2010 年广州亚运会奖牌的生产制作，也圆满完成了 2008 年北京奥运会、2022 年北京冬奥会等各类重大体育赛事的奖牌生产制作任务。

2023 年 4 月，上海造币有限公司设立专班，在严格保密的情况下，正式启动 M1207 奖牌生产样追样、批量试制、工艺调整和标准制定等工作。

在拿到杭州亚运会、亚残运会奖牌尺寸规模和形状后，上海造币有限公司发现"桂子"更接近于传统外圆形状的挂钩式奖牌，相对来说比较好操作。"湖山"则是首次将方形玉琮和圆形奖章融为一体，采取了内圆外方的结构，正面上下左右四个角都会明显低于圆形的面，而背面上下左右中间又都会明显低于方形的面，这种边缘形成交叉的高度落差，导致很难用传统工艺直接压印成型。

经过上海造币有限公司工艺技术攻关团队反复试验，最终确定了"先压印、后数控铣床"的加工方式，攻克了内圆外方的外形的工艺难题。

　　为了更符合方形玉琮的外形设计理念，杭州亚运会奖牌与绶带的连接，也有别于传统的扣环方式，采用隐藏式挂钩，巧用生耳结构，将绶带固定在奖牌内部，类似手表腕带的设计，保证奖牌外轮廓的简洁与优美。

　　有人说，杭州亚运会的奖牌看起来特别的亮。

　　这是因为杭州亚运会奖牌的镀膜采用的是透明电泳保护工艺，这样的技艺采用完美避免了金牌"氧化"、金牌"掉皮"、金牌返厂维修等现象，在确保奖牌防护功能外，又提升了奖牌的光泽度，使奖牌正面凸出的线条更明显，完全勾勒出"三面云山一面城"的杭城画卷，湖水涟漪，山峦起伏，美不胜收。

　　从落料到压印，数铣到电镀，再到最后的成品包装，每枚奖牌要经过约18道工序，一块平整的铜基材逐渐呈现"湖山"的"真容"。

　　杭州亚运会上的每一块奖牌都是独一无二的。上海造币有限公司的工匠们悉心对应工艺流程卡制作，在制作的整个流程周期内，实现对各道工序的质量进行管控。从第一道工序开始，就赋予每块奖牌唯一的识别编码，相当于让每块奖牌都有独一无二的"身份证号"。

　　这种独一无二，还表现在纯手工制作上。为了营造出典雅的哑光砂面，杭州亚运会的奖牌，采取人工喷丸处理，成功呈现出湖水涟漪、群山起伏、小塔精致的江南特色。

　　奖牌绶带上带着三个孔的束扣，又被称为"桥扣"，形象来源于拱宸桥，代表着京杭大运河。在光线的作用下，绶带上的桥扣被分成了明暗不同的上下两半，上海造币有限公司的工匠们运用了两种镀金工艺，通过磨砂金属和镜面金属两种形态，呈现出了拱宸桥和倒影。

　　在设计稿到实物制作的工艺性转换中，设计稿不断迭代，有些细节在反复论证后被舍弃了，比如奖牌侧壁能体现玉琮特征的线槽设计，因为考虑到工艺的风险，被舍弃了，但是桥型束扣这样的设计，虽然增加了制造难度，却实现了为奖牌整体意象锦上添花。

效仿杭州亚运会的基础设施和体育场馆设施遵循的绿色环保理念，杭州亚运会奖牌制作过程中，从奖牌的绶带，到奖牌主体，到包装盒都采用了完全环保的天然原材料，在生产过程中不产生有害废弃物，达到无废生产。其中，亚运绶带在万事利全新研发的数字化绿色印染核心技术的支持下，生产过程近乎零碳零污水排放，全面体现了绿色低碳理念。

2023 年 8 月 30 日，7282 枚奖牌在上海造币有限公司生产圆满结束。

2023 年 9 月 19 日，杭州亚运会第一个比赛日，7000 多枚奖牌进行了多批次、夜间发货的交付工作。这是一项艰巨而光荣的任务。杭州亚运会、亚残运会需要送达总计 8 条线路，55 个场馆，单程 10076 公里，当天来回。运输队伍需要清晨 5 点出发，半夜 12 点回厂装货，为第二天发运做准备。

上海造币有限公司的运输团队与武警战士互相配合默契，严阵以待，全力保障运输安全，顺利完成奖牌发运交付任务。

每一个在亚运赛场上挥洒汗水、热血磅礴的体育健儿，心中都拥有一个炙热的梦想：有朝一日，站在领奖台上，接过鲜花，手执奖牌，瞬间定格，一刹永恒。

杭州亚运会的颁奖花束，也是历届亚运会上一道独特的风景。在杭州亚运会上获奖的运动员拿到的，是一份与众不同的"花束套餐"。从一开始，杭州亚组委就考虑从弘扬浙江非遗文化入手，同时设计花束和花器。

2023 年 8 月 24 日，杭州亚运会倒计时 30 天之际，颁奖物资正式发布，包括颁奖花束、颁奖托盘及颁奖台三项，同时向世人亮相。

杭州亚运会的颁奖花束名为"硕果累累"，由花材和花器两部分组成，代表亚运健儿披荆斩棘、永不言弃的精神。每个颁奖花束中包含 14 种花材：寓意丰收和成果的稻穗和莲蓬，名为"赤子之心"的中国自育品种

月季，代表虹韵紫的蝴蝶兰，以及杭州特色植物龙井茶枝和桂花枝等。

相较以往大型赛会，"硕果累累"是第一次加入了花器的颁奖花束。

花器的设计灵感来自中国南宋时期的官窑花觚，前后经历了12轮修改，在瓶口加入杭州亚运会吉祥物和钱塘潮的元素，用起伏的水纹展现浙江山水的韵律之美，造型以活泼欢快的姿态庆祝勇夺桂冠的胜利喜悦。整个花器饱含宋韵之美。

设计师从比例、尺寸、手感上充分追求一种"精致的感受力"。结合不同的运动员、不同的身高、不同的体型，不同手掌的大小握住花觚时的感觉，包括紧握花觚时吉祥物能够露出多少，花型的融合等因素，最终形成类似黄金分割的比例。

"硕果累累"的花器，由国家级非遗"东阳木雕"代表性传承人黄小明领衔打造。作为中国四大木雕之首，东阳木雕已有1400余年的历史，是我国民间艺术作品中的集大成之作。

杭州第19届亚运会颁奖托盘设计
Design of the Victory Ceremony
Medal Tray for the 19th Asian Games Hangzhou

从 2023 年初开始，50 多位手艺人开始精心雕刻花器。花器的高度并不高，只有 18 厘米，但方寸之间，每一笔雕刻都十分讲究。工匠们以我国南方省区常见的榉木为原材料，运用圆雕、高浮雕、浅浮雕等多种雕刻技法，力求生动精美，呈现出技艺精湛的木雕工艺。很多获奖运动员拿到后，都表示要将"硕果累累"的花器作为手工艺品，永久保存下来。

与奖牌、花器等颁奖物资相配套的，还有颁奖托盘的设计，形成了一个完整的美学体系。托盘的设计灵感来源于微风中波动的西湖水面，结合核心图形"润泽"中的飘逸丝带意象，整体呈现利落的流线美感。主形象色虹韵紫，也与奖牌绶带、颁奖台的颜色相匹配。同时，托盘以一整块金属铝材料一体压制成型，表面采用水性环保涂层，轻便、结实、环保。托盘长约 52 厘米，可同时放下金、银、铜三块奖牌。

颁奖台采用的是简洁大气的方块形设计，"简约但不简单"，显示出舒展、温润细腻的江南特性。外侧整体采用虹韵紫主题渐变色，传达活力与创新的理念。台面采用水墨白色彩，展现亚洲大地包容并进、和谐共赢的精神。

颁奖台采用模块式设计，每个模块长约一米，可根据不同体育项目的领奖运动员人数进行拼搭，有着方便移动、轻便化、可反复利用的特点。运动员站立的区域使用了防滑材料，提高了领奖时的安全性。同时，前部主题形象板可以替换和循环使用，以体现绿色节俭的赛会精神。

作为竞赛的"高光时刻"，颁奖仪式在赛事中备受观众瞩目。不得不说，除了主题鲜明突出、气质简约大气的奖牌形象，杭州亚运会颁奖物资背后的巧思，每一个细节都在尽显江南之韵，体现出来的东方美学令人惊艳。

起于"潮涌"，止于"湖山"，万事俱备。至此，在亚运美学文化的滋养下，视觉形象体系建设已圆满完成全部拼图，正以完备的体育功能、独特的审美意象、丰富的文化内涵，自信呈现在各国（地区）运动健儿和世界宾朋面前。

不远处，灯光打亮，战鼓擂响，人头攒动……史上最成功的杭州亚运会，已拉开大幕！

杭州第19届亚运会颁奖台设计
Design of the Victory Ceremony
Podium for the 19th Asian Games Hangzhou